LA ASTROLOGÍA TIENE LA CLAVE DE TU TRAYECTORIA VI

CALENDARIO LUNAR
2024

Calendario Astrológico con las Fases de la Luna día a día con los signos del zodiaco

- ¡apto también para brujería verde y jardineros! -

GIOVANNI
DA RUPECISA

TEMPLUM DIANAE MEDIA

TU CALENDARIO LUNAR 2024

2023 - 2024
Todos los derechos reservados

Antes de continuar leyendo, el autor y el editor piden explícitamente que lea y comprenda las notas legales para aclarar algunos aspectos básicos de la relación entre las partes.

Aviso legal:

este libro está sujeto a derechos de autor exclusivos; su lectura está destinada exclusivamente al uso personal. También se le recuerda que no está permitido modificar o utilizar ninguna sección de este libro, ya sea de forma gratuita u onerosa; está absolutamente prohibido utilizar, citar o parafrasear cualquier sección o secciones de este libro o su contenido sin el consentimiento escrito y firmado del autor y/o editor.

Nota legal sobre el descargo de responsabilidad del autor y el editor:

El autor y el editor afirman y reiteran que toda la información contenida en esta obra, tomada individualmente o en su conjunto, dependiendo de la sensibilidad de cada lector o lectora, puede tener una finalidad educativo-formativa o de mero pasatiempo.

El autor y el editor de este volumen, al tiempo que recuerdan a todos los lectores que no se ofrece ninguna garantía expresa o implícita, afirman y reiteran que toda la información contenida en esta obra, al proceder de la lectura crítica de diversas fuentes, posee el más alto grado de exactitud, fiabilidad, actualidad y exhaustividad en relación con su capacidad para investigar, sintetizar, procesar y organizar la información.

Los lectores son conscientes de que el autor no está obligado en modo alguno a proporcionar ningún tipo de asistencia o asesoramiento legal, financiero, médico o profesional, y de hecho recomienda que, antes de intentar cualquiera de las técnicas o acciones expuestas en este libro, se pongan en contacto con un profesional legalmente autorizado de acuerdo con la legislación vigente.

Al leer esta introducción, cada lector acepta, explícita o implícitamente, que en ningún caso el autor y/o el editor serán responsables de cualquier pérdida, directa o indirecta, derivada del uso de la información contenida en este libro, incluidos, entre otros, errores, omisiones o inexactitudes.

www.templumdianae.co

ÍNDICE

- Índice 3
- Introducción 5
- Una vida sin luna 6
  - Desconexión con la naturaleza 6
  - Malinterpretar los ciclos vitales 6
  - El agobio del estrés 6
  - Decisiones equivocadas y oportunidades perdidas 6
  - La clave lunar de la sabiduría astrológica 7
- Besada por la luna 8
  - Cuentos y rituales a la luz de la luna 8
  - De los mitos a la comprensión moderna 8
  - El abrazo de la luna 9
  - El ciclo de la naturaleza iluminado 9
  - Sumergirse en las profundidades del subconsciente 9
  - Fomentar la intuición y la conexión emocional 9
  - Un camino hacia la magia y la toma de decisiones acertadas 9
- Comprender los ciclos lunares 11
  - Las fases de la Luna 11
  - La luna en la wicca y la artesanía 12
  - El antiguo calendario pagano anglosajón 13
  - Jardinería según las fases de la Luna - Trabajar con la energía lunar 14
  - La nave lunar 15
- Cómo utilizar esta guía 17
- la lunar 2024 de un vistazo 20
- Enero de 2024 24
  - Las fases lunares 25
  - La luna en el jardín 26
- Febrero de 2024 28
  - Las fases lunares 29
  - La luna en el jardín 30
- Marzo de 2024 32
  - Fases de la luna 33
  - Luna en el jardín 34
- Abril de 2024 36
  - Las fases lunares 37
  - Luna en el jardín 38
- Mayo de 2024 40
  - Fases de la luna 41
  - Luna en el jardín 42
- Junio de 2024 44
  - Las fases lunares 45
  - Luna en el jardín 46
- Julio de 2024 48
  - Fases de la luna 50
  - Luna en el jardín 50
- Agosto de 2024 52
  - Fases de la luna 53
  - Luna en el jardín 54
- Septiembre de 2024 56
  - Fases de la luna 57
  - Luna en el jardín 58
- Octubre de 2024 60
  - Fases de la luna 61
  - La luna en el jardín 62
- Noviembre de 2024 64
  - Fases de la luna 65
  - Luna en el jardín 66
- Diciembre de 2024 68
  - Las fases lunares 69
  - Luna en el jardín 70
- Calendario biodinámico 72

**Material didáctico
incluido**

Escanee este código para obtener
su Curso de vídeo incluido en el libro, una introducción al mundo de lo oculto y lo paranormal

O siga este enlace:

https://templumdianae.co/the-witchy-course/

¡Este Material le dará acceso a materiales de formación Exclusivos para mejorar en su camino !

INTRODUCCIÓN

QUERIDO BUSCADOR ESPIRITUAL,

Entrando en la fascinante danza del cosmos, me complace presentar "Calendario Lunar 2024". Como recordarás de mis obras anteriores, "Astrología para principiantes" y "Horóscopo 2024", mi misión siempre ha sido proporcionar herramientas y conocimientos que fomenten una comprensión profunda de las estrellas y su ballet celestial. Este calendario es una continuación de ese viaje, profundizando íntimamente en las fases lunares del próximo año.

La luna, nuestra vecina celeste, ha sido un símbolo de asombro, misterio y transformación durante eones. Sus fases son un recordatorio de los ciclos perpetuos de crecimiento y decadencia, comienzos y finales. Esta danza, que resuena en los cielos, también encuentra su reflejo en la Tierra, dentro de nosotros. Para aquellos que buscan una conexión espiritual más profunda y una alineación con los ciclos naturales de la vida, las fases lunares son una brújula que apunta hacia profundas revelaciones personales. Cada fase lunar conlleva una energía única y, cuando se combina con los atributos del zodiaco, adquiere un significado aún más intrincado y detallado. Este libro no sólo presenta un desglose diario de estas fases, sino que también ofrece una visión de su significado en combinación con los signos del zodiaco.

Tanto si eres una bruja verde que espera sincronizar su arte con los ritmos de la luna, un jardinero que pretende plantar y cosechar en armonía con los ciclos lunares, o simplemente alguien en busca de autoconocimiento y crecimiento espiritual, este calendario está diseñado para ser tu guía. Deja que ilumine tu camino mientras navegas por las mareas de 2024, y que encuentres en sus páginas la sabiduría de épocas pasadas y el potencial del año venidero.

Te deseo un año de claridad, conexión y maravillas cósmicas.

CORDIALMENTE,

Giovanni da Rupecisa

UNA VIDA SIN LUNA

En el vasto tapiz del cosmos, cada cuerpo celeste cuenta una historia única. Entre ellos, la Luna, con su danza cíclica, ofrece profundas lecciones sobre la naturaleza, la intuición y los entresijos de la vida misma. Sin embargo, imaginemos una vida en la que se pase por alto este influyente satélite. Una vida en la que no se escuchan sus silenciosos susurros ni se reconocen sus ritmos. Así es la vida sin luna.

Desconexión con la naturaleza

En una existencia sin luna subyace una profunda desconexión con la naturaleza. Al igual que las mareas fluyen y refluyen bajo la guía de la luna, lo mismo ocurre con muchos procesos del mundo natural. Los animales migran, las flores florecen e incluso los seres humanos, a sabiendas o no, se dejan llevar por los ciclos lunares. Al no estar en sintonía con estos ciclos, se produce una desconexión con los ritmos naturales del mundo, lo que lleva a una sensación de estar "fuera de sincronía" o "desalineado" con el entorno.

Malinterpretar los ciclos vitales

La vida, en su esencia, es una serie de ciclos: nacimiento, crecimiento, decadencia y renacimiento. La luna, con sus fases de nueva, creciente, llena y menguante, resume este viaje cíclico. Ignorar estas fases significa pasar por alto una guía esencial para comprender estos procesos vitales. Sin la luna como espejo de los patrones de la vida, las personas pueden verse sorprendidas o poco preparadas para los cambios inevitables, lo que provoca sentimientos de confusión y vulnerabilidad.

El agobio del estrés

La desconexión y la incomprensión aumentan la vulnerabilidad al estrés. El mundo moderno, con su ritmo incesante y sus exigencias, ya plantea multitud de retos. Las fases lunares ofrecen periodos naturales de acción y descanso, energía y reflexión. Pasar por alto estas señales puede conducir a una vida perpetuamente atascada en la "marcha rápida", donde el estrés se convierte en un compañero constante y no invitado.

Decisiones equivocadas y oportunidades perdidas

Todas las decisiones, grandes o pequeñas, se benefician de la introspección y el momento oportuno. Al igual que antaño los agricultores miraban a la luna para que les guiara en la siembra y la cosecha, nosotros también podemos utilizar sus fases para comprender cuáles son los mejores momentos para iniciar nuevos proyectos o para reflexionar y recalibrar. Una vida sin luna puede llevarnos a tomar decisiones precipitadas, sin la guía del cosmos, que nos lleven a arrepentirnos o a perder oportunidades.

La clave lunar de la sabiduría astrológica

Para los que siguen la senda astrológica, la Luna no es un cuerpo celeste más, sino un factor clave para comprender la totalidad de la constitución astrológica de cada uno. Si no se tiene en cuenta a la Luna en las cartas natales y en los estudios astrológicos, se abre una brecha en la comprensión cósmica. La Luna rige las emociones, los instintos, los hábitos y las reacciones inconscientes. Pasarla por alto es como intentar leer un libro al que le faltan la mitad de las páginas.

En conclusión, una vida carente de conciencia lunar es como una canción a la que le falta su melodía más inquietante. Mientras el sol ilumina nuestro mundo, la luna guía nuestros paisajes internos, susurrándonos secretos del universo y de nosotros mismos. Abrazar la sabiduría de la luna no es sólo una cuestión de visión astrológica, sino de recuperar la conexión con los ritmos de la vida y la danza de la existencia. En el resplandor de la luna encontramos reflejos de la naturaleza, de la vida y, lo que es más importante, de nosotros mismos.

BESADA POR LA LUNA

El antiguo cielo nocturno, desprovisto de la contaminación lumínica que conocemos hoy, estaba dominado por estrellas que centelleaban con historias propias. Sin embargo, entre todas ellas, un cuerpo celeste brillaba con un encanto sin igual: la Luna. Su luz pálida y plateada ha sido un faro para incontables generaciones, inspirando asombro, cuentos, rituales y un sentido de conexión con el universo.

Cuentos y rituales a la luz de la luna

En épocas pasadas, la Luna no era un simple cuerpo celeste, sino un símbolo de magia, misterio y misticismo. Civilizaciones enteras estructuraron sus calendarios, rituales e incluso rutinas diarias basándose en los ciclos lunares. Su resplandor encantador servía de guía y musa a artistas, poetas y soñadores.

Según las leyendas y el folclore, la luna tenía un significado especial para las brujas. Según los relatos y las afirmaciones de la Santa Inquisición, las brujas veneraban el poder de la luna y organizaban sus reuniones sabatinas en sincronía con sus fases. Se creía que el sabbat era una gran reunión, una noche de baile, jolgorio y magia. En la tradición wiccana más contemporánea, estas reuniones se conocen como esbats, noches en las que los practicantes se reúnen para realizar rituales y conjuros, a menudo con la intención de atraer la energía de la luna.

De los mitos a la comprensión moderna

Hoy en día, aunque el encanto místico de la Luna permanece, nuestra comprensión de su influencia se ha ampliado. La ciencia moderna ha profundizado en las formas en que la Luna afecta a nuestro planeta y a sus habitantes. Uno de los descubrimientos más intrigantes gira en torno a los ciclos hormonales de los seres vivos. Al igual que la Luna gobierna las mareas con su atracción gravitatoria, también influye sutilmente en los ritmos internos de muchos organismos. En el caso de los humanos, algunos estudios sugieren correlaciones entre las fases lunares y ciertas fluctuaciones hormonales, cambios de humor e incluso patrones de sueño.

Las plantas también responden a la llamada de la luna. Puede que los agricultores de antaño no conocieran la ciencia que había detrás, pero observaban y comprendían el impacto de la luna en sus cultivos. Hoy sabemos que la luz de la luna afecta a procesos como la fotosíntesis y que los ciclos lunares pueden influir en el crecimiento, la germinación y la floración de las plantas. La agricultura biodinámica, un método que combina la sabiduría ancestral con las prácticas modernas, hace especial hincapié en los ciclos lunares para la siembra y la cosecha, afirmando el papel vital de la luna en el cultivo.

El abrazo de la luna

En esta era de tecnología y rápidos avances, es fácil sentirse desconectado de los ritmos de la naturaleza. Sin embargo, la luna, siempre presente y vigilante, sigue arrojando su suave luz sobre nosotros, un recordatorio de los antiguos lazos que nos unen al cosmos. Ya sea por su significado científico o por su atractivo místico, no se puede negar que "ser besado por la luna" es ser tocado por un legado de asombro que se extiende a lo largo de los siglos, tendiendo un puente entre el mito y la realidad.

El ciclo de la naturaleza iluminado

La naturaleza funciona en ciclos, desde el átomo más pequeño hasta el vasto cosmos. En esta gran coreografía, la Luna desempeña un papel importante. Gobierna el flujo y reflujo de las mareas, afecta al comportamiento de muchos animales e influye sutilmente en el crecimiento de las plantas. A medida que la luna atraviesa sus fases, ofrece una guía observable de la naturaleza cíclica de la vida. Desde los nuevos comienzos simbolizados por la Luna Nueva hasta las culminaciones y reflexiones de la Luna Llena, se pueden trazar paralelismos entre las fases lunares y la rueda de experiencias siempre giratoria de la vida.

Sumergirse en las profundidades del subconsciente

Más allá del ámbito tangible, la luna también es un portal a nuestra mente subconsciente. Los sueños suelen ser más vívidos durante determinadas fases lunares. Artistas, poetas y místicos siempre han afirmado sentirse más inspirados durante determinados ciclos lunares. ¿Por qué? La luna, con su sabiduría silenciosa, toca partes de nosotros que a menudo quedan eclipsadas por las bulliciosas actividades del día. Ilumina suavemente los rincones más oscuros de nuestra mente, revelando deseos, miedos y aspiraciones que yacen bajo nuestra conciencia. Al sintonizar con los ritmos de la luna, podemos descubrir capas más profundas de comprensión de nuestras motivaciones y patrones emocionales.

Fomentar la intuición y la conexión emocional

La luna siempre ha estado vinculada a lo divino femenino, lo intuitivo y el ámbito emocional. Abrazar la energía lunar significa alimentar las capacidades intuitivas. Se trata de sentir más y pensar menos, de confiar en los sentimientos viscerales que a menudo nos guían con más precisión que el análisis lógico. Al establecer esta conexión, nuestro yo emocional se armoniza, lo que conduce a un mayor sentido de la empatía, la comprensión y la claridad interior.

Un camino hacia la magia y la toma de decisiones acertadas

Esta profunda conexión con la energía de la luna puede convertirse en un catalizador para entrar en el reino de la magia. La magia, en esencia, no consiste en agitar varitas mágicas o realizar rituales dramáticos, sino en alinearse con las energías naturales para manifestar las intenciones. Con la luna como guía, esta alineación se hace más accesible y más potente.

Además, a medida que uno se sintoniza más con la guía de la luna, la toma de decisiones se transforma. En lugar de guiarse por el impulso o la mera lógica, las decisiones se convierten en una mezcla de intuición, emoción y pensamiento racional, lo que garantiza un enfoque holístico de las elecciones de la vida.

En esencia, la luna, en todo su plateado esplendor, no es sólo un cuerpo celeste que admirar. Es una brújula, una guía, una confidente y un reflejo de las innumerables complejidades que nos rodean. Al abrazar su sabiduría, no sólo observamos su belleza, sino que participamos en una danza que lleva eones en marcha, encontrando nuestro ritmo en el gran tapiz de la existencia.

COMPRENDER LOS CICLOS LUNARES

La siempre presente compañera celeste, la Luna, adorna nuestros cielos nocturnos con su resplandeciente brillo, cautivando a la humanidad con sus cambiantes fases. Comprender las distintas fases lunares es crucial no sólo para los astrónomos, sino también para las culturas, tradiciones e individuos que han entretejido sus ritmos en sus creencias y prácticas. En este capítulo, nos adentramos en la intrincada danza de la Luna a través de sus fases y exploramos el significado que tienen en las distintas sociedades.

Las fases de la Luna

1. Luna Nueva

El ciclo lunar comienza con la Luna Nueva, cuando la Luna se sitúa entre la Tierra y el Sol, con su cara iluminada en dirección opuesta a nosotros. El cielo nocturno permanece en su mayor parte oscuro, con sólo un tenue contorno de la Luna visible. La Luna Nueva simboliza los nuevos comienzos, un lienzo en blanco sobre el que se pueden establecer intenciones y echar raíces las aspiraciones.

2. Media luna encerada

Cuando la Luna comienza su viaje alrededor de la Tierra, un delgado creciente de luz se hace visible en su lado derecho, creciendo lentamente cada noche. Esta fase, conocida como Creciente Creciente, encarna la energía del crecimiento, la inspiración y la realización gradual de los deseos.

3. Primer Trimestre (Media Luna Creciente)

El Primer Cuarto marca el momento en que la mitad de la cara de la Luna se ilumina y la otra mitad queda envuelta en la oscuridad. Esta fase simboliza los retos, las decisiones y la acción. Es el momento de superar obstáculos y avanzar hacia los propios objetivos.

4. Waxing Gibbous

Tras el Primer Cuarto, la porción iluminada de la Luna continúa expandiéndose hasta casi alcanzar su brillo total. Esta fase, la Gibosa Creciente, representa el refinamiento, la puesta a punto y el perfeccionamiento de los propios esfuerzos a medida que se acercan a su culminación.

5. Luna llena

La Luna Llena es un espectáculo fascinante, con toda la cara de la Luna iluminada y brillando intensamente. Esta fase conlleva una sensación de plenitud, abundancia e iluminación. Culturas de todo el mundo han atribuido un significado espiritual y místico a la Luna Llena, utilizando a menudo su energía para ceremonias, rituales y celebraciones.

6. Giboso menguante

A medida que la Luna se aleja de su iluminación llena, entra en la fase de cuarto menguante. Esta fase fomenta la reflexión, la gratitud y la liberación de lo que ya no sirve al propio viaje. Es un momento para soltar y dejar espacio a nuevas experiencias.

7. Último cuarto (media luna menguante)

La fase del Último Cuarto significa otro punto de inflexión en el ciclo lunar, con la mitad de la cara de la Luna iluminada y la otra mitad en la sombra. Al igual que el Primer Cuarto, esta fase invita a la autoevaluación, la reevaluación y la introspección.

8. Creciente menguante

El Creciente Menguante marca las etapas finales del ciclo lunar, cuando la parte iluminada de la Luna se reduce a una delgada franja. Esta fase favorece el descanso, la curación y la preparación para la próxima fase de Luna Nueva. Es un periodo de quietud introspectiva antes de que el ciclo comience de nuevo.

La luna en la wicca y la artesanía

En la Wicca, así como en varias tradiciones paganas, las lunas llenas de cada mes llevan nombres específicos, a menudo derivados de los nativos americanos, anglosajones u otras fuentes tradicionales. Estos nombres reflejan las correspondientes actividades, comportamientos o fenómenos naturales asociados a ese periodo. Aquí tienes una lista de nombres de luna wiccanos y sus significados:

1. Luna de lobo (enero)

Significado: Llamado así por la época en que se oía a los lobos aullar de hambre debido a la escasez invernal. Es un periodo que refleja la transformación interior y la autorreflexión.

2. Luna de Nieve o Luna de Hielo (febrero)

Significado: Representando el mes frío y nevado, esta luna es un recordatorio de nuestra resistencia y de la necesidad de purificación y preparación a medida que se acerca la primavera.

3. Luna de gusano (marzo)

Significado: Cuando la tierra empieza a descongelarse, reaparecen las lombrices y los pájaros vuelven a alimentarse. Esta luna simboliza el renacimiento, la renovación y el despertar de la vida tras el invierno.

4. Luna rosa (abril)

Significado: Llamada así por las flores rosas (phlox silvestre) que florecen en primavera. Es una época de crecimiento, fertilidad y despertar.

5. Luna de flores (mayo)

Significado: Significando las flores que florecen durante este mes, esta luna marca una era de fertilidad, crecimiento y abundancia.

6. Luna de fresa (junio)

Significado: Llamada así por las tribus algonquinas por el periodo de recolección de las fresas maduras. Esta luna representa el punto álgido de la temporada de cultivo y el comienzo de la cosecha.

7. Buck Moon (julio)

Significado: Recibe su nombre de la época en que a los ciervos les crece nueva cornamenta. Representa la fuerza, la determinación y el nuevo crecimiento.

8. Luna de esturión (agosto)

Significado: Llamada así por la época en que abunda el esturión, un pez de gran tamaño. Esta luna enfatiza la abundancia, la recolección y la preparación.

9. Luna de la cosecha (septiembre)

Significado: Cerca del equinoccio de otoño, es un periodo de cosecha. Esta luna pone de relieve la gratitud, la cosecha de lo sembrado y la preparación para el invierno.

10. Luna de cazador (octubre)

Significado: Después de segar los campos, las hojas empiezan a caer y es hora de cazar para prepararse para el invierno. Esta luna representa la provisión, la transformación y la preparación.

11. Luna de castor (noviembre)

Significado: Llamado así por la época en que se colocaban trampas para castores antes de que se helaran los pantanos para asegurarse el suministro de pieles en invierno. Significa persistencia, preparación y adaptabilidad.

12. Luna fría (diciembre)

Significado: Representando el mes frío y helado, esta luna nos recuerda la quietud y la contemplación que trae el invierno.

Muchos wiccanos y paganos incorporan estos nombres lunares a sus rituales, aprovechando la energía y el simbolismo de cada luna específica para mejorar sus hechizos e intenciones.

El antiguo calendario pagano anglosajón

Los anglosajones, un grupo de tribus que se asentaron en Inglaterra a partir del siglo V, poseían un rico tapiz de tradiciones y creencias. Su calendario lunar estaba intrínsecamente ligado tanto al mundo natural como a sus prácticas agrícolas. A diferencia de los nombres de luna llena más conocidos, derivados de las tradiciones de los nativos americanos, los nombres anglosajones de la luna correspondían a lo que nosotros consideraríamos meses. Cada luna (o mes) recibía un nombre que reflejaba las actividades o acontecimientos asociados a ese periodo.

Aquí tienes una lista completa de los nombres lunares anglosajones y sus significados:

1. Æfterra Geola (Luna de Pascua) - Enero

Significado: La luna que sigue a las celebraciones de Yule, señalando la mitad del invierno.

2. Solmonað (Mes del barro) - febrero

Significado: En referencia a las condiciones fangosas de febrero, también se cree que es un mes de pasteles, posiblemente relacionado con rituales para asegurar la fertilidad del año.

3. Hreðmonað (nombre de la diosa Hreða) - Marzo

Significado: Luna que debe su nombre a la diosa Hreða, de la que hoy se sabe poco, pero se cree que estaba asociada a la victoria.

4. Eostremonað (Mes de Pascua) - abril

Significado: Nombre de la diosa Eostre, probable origen de la fiesta cristiana de Pascua. Tiempo de renacimiento y nuevos comienzos.

5. Þrimilcemonað (Luna de los tres ordeños) - Mayo

Significado: El ganado estaba tan bien alimentado en mayo que podía ordeñarse tres veces al día. Es una época de prosperidad y abundancia.

6. Ærra Liða (Antes del solsticio de verano) - junio

Significado: La luna antes de las celebraciones del solsticio de verano.

7. Æfterra Liða (Después del solsticio de verano) - julio

Significado: La luna que sigue a las celebraciones del solsticio de verano.

8. Weodmonað (Mes de la Hierba) - agosto

Significado: Llamado así por la época en que las malas hierbas crecen más rápidamente, lo que indica la naturaleza floreciente del verano alto.

9. Haligmonað (Mes sagrado) - septiembre

Significado: Considerado un mes sagrado, posiblemente debido a las celebraciones de la cosecha y la acción de gracias.

10. Winterfylleð (Luna llena de invierno) - octubre

Significado: La primera luna llena de octubre marcaba el comienzo del invierno y la llegada de los días fríos.

11. Blotmonað (Mes de la Sangre o del Sacrificio) - noviembre

Significado: Durante esta luna se sacrificaba el ganado que no se mantendría durante el invierno, tanto como provisión como ofrenda a los dioses.

12. Ærra Geola (Antes de Yule) - Diciembre

Significado: La luna que precede a Yule, marca la anticipación y la preparación para las celebraciones de mediados de invierno.

Estas lunas servían de marco para el año de los anglosajones, que se basaban en los ritmos de la naturaleza y en las actividades agrícolas, vitales para su supervivencia.

Jardinería según las fases de la Luna - Trabajar con la energía lunar

Acércate y permíteme compartir contigo un secreto que ha sido apreciado a lo largo de los siglos. Cuando empiezas a bailar con el ritmo de la luna, tu jardín no sólo crece, sino que prospera. Cada fase que la luna nos regala desvela un misterio para nuestras plantas. Viajemos a través de estas fases y descubramos los antiguos conocimientos que encierran.

En el abrazo de la Luna Nueva, el mundo se baña en una serena oscuridad. Nos invita a descansar, a respirar los silenciosos comienzos. Aprovecha este momento para rejuvenecer tu espíritu y fijar tus intenciones para el jardín. Puede que el mundo esté en silencio, pero la energía es palpable.

A medida que el Creciente empieza a iluminar nuestras noches, la tierra se vuelve más generosa. Libera sus nutrientes con avidez, respondiendo a la atracción gravitatoria de la Luna. Este es el empujón del universo para que siembres esas verduras de hoja verde, cereales y hierbas aromáticas. Si escuchas con atención, puede que incluso oigas el susurro de injertar tus plantas, o tal vez segar y podar un poco, asegurando un crecimiento más frondoso.

A medida que la luna se adentra en su Primer Cuarto, su luz radiante señala una fase fortificante. La energía se desplaza hacia arriba, casi llamando a las plantas frutales con semillas en su interior, como los tomates o los guisantes. Y si quieres un pequeño consejo: justo antes de que la luna alcance su plenitud, hay una ventana perfecta para plantar e injertar.

Cuando la Luna Llena toma el escenario nocturno, es un espectáculo digno de contemplar. Una culminación, una pausa, una celebración. Es el momento en que tus hierbas medicinales son más potentes. Así que, ¿por qué esperar? Recógelas.

Sin embargo, como todo en la naturaleza, lo que sube tiene que bajar. En la fase gibosa menguante, la disminución de la luz de la luna indica al suelo que absorba y tire de la energía hacia abajo. Un periodo perfecto para las plantas subterráneas: zanahorias, cebollas y similares. El universo te dice que plantes árboles, arbustos y plantas perennes. Ah, y cosecha. Te esperan los frutos de tu trabajo.

El último susurro de la luna llega con el Creciente Menguante. La luz de la luna se atenúa, concentrando su energía en las profundidades. Esta fase tranquila es un respiro, un momento para evitar la siembra. En su lugar, la atención se centra en cosechar, almacenar e incluso desherbar y podar un poco.

Cultivar con la luna es comprender los susurros íntimos de la naturaleza, conectar profundamente con la tierra. Así que, tanto si acabas de empezar tu aventura jardinera como si tienes las manos manchadas con la tierra de muchas estaciones, deja que la luna guíe tu viaje. Al fin y al cabo, ¿no son los secretos mejor guardados los que a menudo se esconden a plena vista?

La nave lunar

La luna, con su etéreo resplandor plateado, ha cautivado desde siempre la imaginación de la humanidad. No es sólo un cuerpo celeste, sino un símbolo de la naturaleza cíclica del tiempo, del cambio y de la vida misma. En el mundo de la magia, las fases de la luna desempeñan un papel fundamental a la hora de amplificar las energías de hechizos y rituales.
Embarquémonos en un viaje a través de las fases lunares y descubramos los hechizos más adecuados para cada una de ellas.

1. Luna Nueva: Un tiempo de comienzos

Como el cielo nocturno está más oscuro durante la Luna Nueva, ofrece un lienzo en blanco para establecer nuevas intenciones y empezar de cero.

- Hechizo de la semilla: Escribe un objetivo personal en un trozo de papel biodegradable y plántalo con una semilla. A medida que la planta crezca, también se manifestarán tus intenciones.
- Búsqueda de la visión: Siéntate en tranquila contemplación y enciende una vela blanca. Visualiza tus sueños tomando forma y dibújalos o escríbelos inmediatamente después.

2. Creciente: Construir cimientos

Esta franja de luz simboliza el crecimiento, por lo que es el momento adecuado para reforzar las intenciones y reunir recursos.

- Hechizo de atracción: Crea una bolsita con hierbas como albahaca, menta y pétalos de rosa para atraer el amor, la prosperidad o el éxito. Llévalo contigo durante toda esta fase lunar.
- Amuleto de protección: Infunde una piedra de turmalina negra con tu energía, visualizándola formando una barrera a tu alrededor, y mantenla cerca.

3. Primer trimestre: Acción e impulso

Con la luna medio iluminada, es un periodo de energía cinética y movimiento.

- Hechizo de apertura de caminos: Quema una combinación de salvia, romero y hojas de laurel para despejar cualquier bloqueo en tu camino e invocar claridad.
- Elixir del coraje: Prepara un té con jengibre, canela y ortiga. Bébelo para animar tu espíritu y fortalecer tu determinación.

4. Waxing Gibbous: Refinamiento y atracción

Esta fase significa las etapas finales de la preparación, perfectas para afinar los objetivos y acercarse a lo que necesita.

- Ritual de magnetismo: Inscribe símbolos de tus deseos en una hoja de laurel y quémala mientras visualizas que esos deseos vienen a ti.
- Meditación de enfoque: Utiliza labradorita o cuarzo claro para meditar, canalizando la energía de la luna para afinar tus objetivos.

5. Luna Llena: Manifestación y celebración

Cuando la luna está en su cenit, es el momento de recoger los frutos del trabajo.

- Ritual de gratitud: Enciende una vela plateada o blanca, agradeciendo al universo su abundancia.
- Hechizo de trabajo en sueños: Coloca la piedra lunar bajo tu almohada, pidiendo claridad o respuestas en sueños.

6. Gámbito menguante: gratitud y compartir

Cuando la luna empieza a menguar, es un momento para reflexionar y compartir las bendiciones.

- Hechizo de bendición: Infunde agua bajo esta fase lunar, luego úsala para bendecir tu hogar, seres queridos u objetos.
- Ritual de liberación: Escribe las cosas que deseas dejar ir y quema el papel de forma segura, liberándolas al universo.

7. Último trimestre: liberación y limpieza

Con la mitad de la luna en penumbra, esta fase es propicia para soltar lastre y purificarse.

- Baño de limpieza: Mezcla sal marina, lavanda y pétalos de rosa en una bañera, remojando cualquier energía negativa.
- Limpieza kármica: Enciende una vela morada y medita sobre la ruptura de ciclos o patrones que ya no te sirven.

8. Creciente menguante: Descanso y recuperación

En esta fase final, a medida que la luz de la luna va menguando, es esencial descansar, rejuvenecer y hacer introspección.

- Hechizo para un sueño reparador: Crea una bolsita con manzanilla, lavanda y amatista. Colócalo bajo la almohada para dormir plácidamente.
- Trabajo en la sombra: Sumérgete en la autorreflexión, descubriendo y comprendiendo partes de ti mismo a menudo ocultas.

Incorporar las fases lunares a la magia permite a los practicantes aprovechar ritmos cósmicos ancestrales, alineando sus energías con el universo. Tanto si eres un brujo experimentado como un principiante curioso, la suave guía de la luna te ofrece un poderoso aliado en tu viaje mágico. Como siempre, trabaja con respeto, intención y comprensión, y la luna iluminará tu camino.

CÓMO UTILIZAR ESTA GUÍA

Esta guía está diseñada para acompañarte en tus exploraciones lunares y ayudarte a navegar por el rico tapiz de las fases lunares y sus profundos efectos en nuestras vidas. A continuación te explicamos cómo sacar el máximo partido a esta guía:

1. Gráficos del Círculo Mensual: Tu mapa lunar

Para cada mes, encontrarás un gráfico circular que representa la progresión de la luna a través de sus fases, según el zodiaco tropical. Piensa en estos gráficos como en un mapa lunar, una representación visual de la danza de la Luna por el cielo.

Interpretación del gráfico circular:

El círculo está segmentado en las distintas fases lunares: Luna nueva, cuarto creciente, cuarto creciente, cuarto menguante, luna llena, cuarto menguante, cuarto menguante y cuarto menguante.

Cada segmento corresponde a una fecha concreta, guiándote a través de las transiciones lunares a lo largo del mes.

2. Cálculo de las fases lunares con el gráfico circular:

No necesita complicados programas o aplicaciones astrológicas; con nuestro gráfico circular, podrá determinar fácilmente la fase lunar de cualquier día del mes.

Pasos:

Localice la fecha actual en el gráfico circular.

El segmento en el que se encuentra la fecha revelará la fase lunar actual.

A medida que avanzan los días, simplemente muévete alrededor del círculo para seguir el recorrido de la luna.

3. Sumérgete en los significados de la lunación:

Más allá de seguir el movimiento de la Luna, esta guía profundiza en el significado espiritual, emocional y simbólico de cada fase lunar.

Cómo utilizar los significados de la lunación:

Tras identificar la fase lunar actual mediante el gráfico circular, consulte los significados de la lunación que se proporcionan.

Estos significados ofrecen una visión de la energía, las oportunidades y las reflexiones asociadas a cada fase, ayudándole a alinear sus actividades, meditaciones e intenciones con la energía lunar.

4. Hechos destacados del mes:

Cada mes, la Luna tiene una historia única que contar, influida por su relación con otros cuerpos celestes y su viaje a través de los signos del zodiaco. En esta guía encontrarás los momentos más destacados y notables de la lunación de cada mes, para que sepas cuáles son los días o periodos especialmente intensos a los que debes prestar atención.

LA ASTROLOGÍA TIENE LA CLAVE DE TU TRAYECTORIA VITAL

LA LUNAR 2024 DE UN VISTAZO

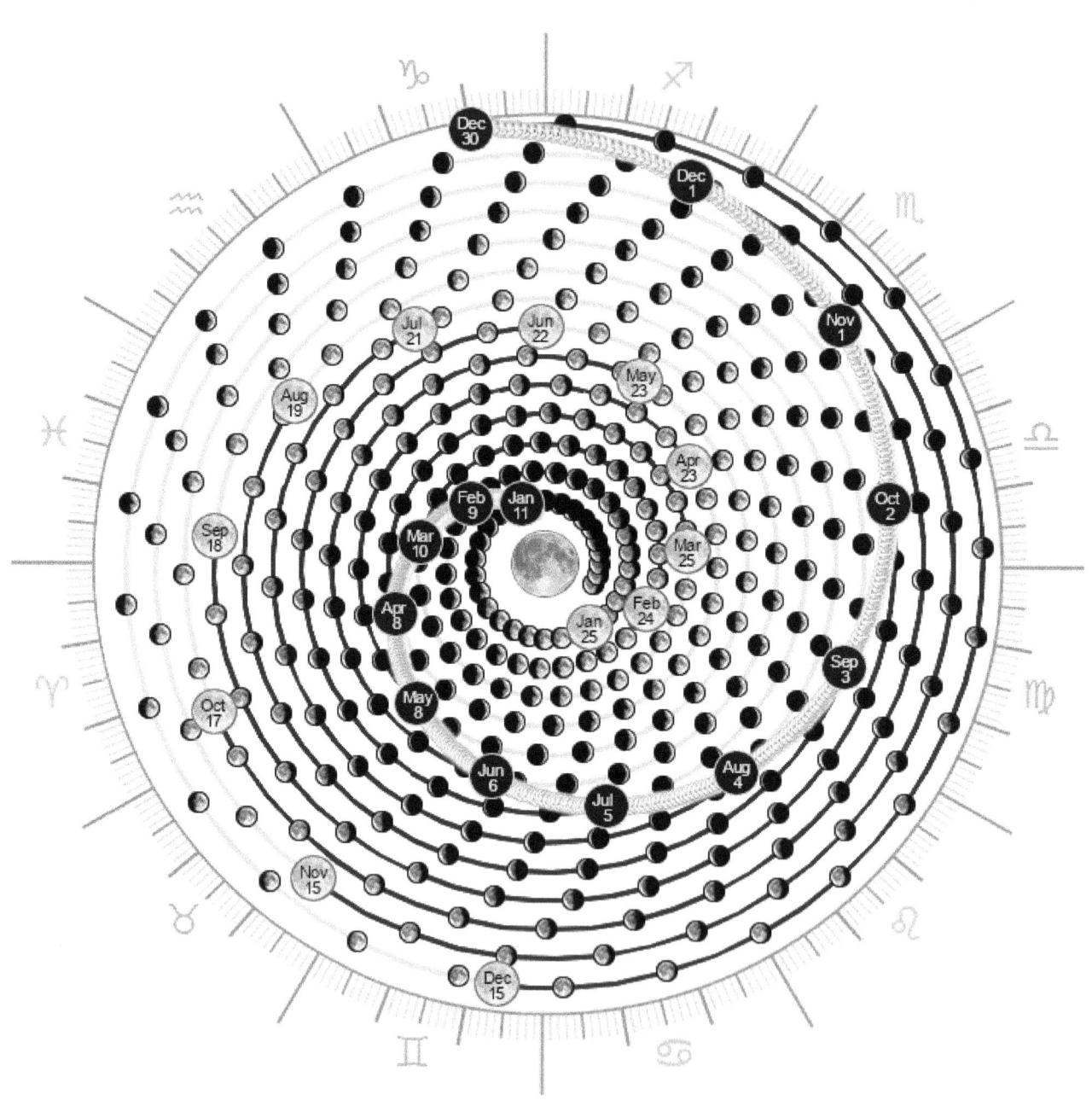

A medida que el año se acerca a 2024, la danza celeste de la Luna teje una historia a través de las constelaciones, iluminando verdades y revelando misterios a través de cada fase y signo.

Enero comienza el día 11 con la Luna Nueva en Capricornio. Símbolo de ambición, resistencia y determinación, Capricornio presta sus energías arraigadas a nuestras aspiraciones. Es una llamada a construir los cimientos del año. La Luna Llena en el audaz signo de Leo, el día 25, añade estilo y pasión, instándonos a brillar y a liderar con el corazón.

En febrero, Acuario, el signo de la innovación y la humanidad, acoge la Luna Nueva el día 9. Un soplo de aire fresco que nos anima a pensar de forma diferente, a unirnos y a soñar con un futuro mejor. Un soplo de aire fresco que nos anima a pensar de forma diferente, a unirnos y a soñar con un futuro mejor. La Luna Llena del 24 cae bajo Virgo, incitando a la introspección, la diligencia y la búsqueda de la perfección en nuestros esfuerzos.

Marzo nos trae una profundidad emocional con la Luna Nueva en Piscis el día 10. Un signo de soñadores y almas empáticas. Signo de soñadores y almas empáticas, nos invita a conectar con nuestro yo superior. Pero la Luna Llena del día 25 no es una Luna Llena cualquiera: es un Eclipse Lunar en Libra. Los eclipses anuncian el cambio, y en el signo del equilibrio y las relaciones, hace hincapié en la armonía, la equidad y la reevaluación de las asociaciones.

En abril, el cielo nos regala otro acontecimiento celeste. El día 8, un Eclipse Solar coincide con la Luna Nueva en Aries. Es un reinicio cósmico, que nos carga con la energía ardiente de Aries para iniciar y abrir nuevos caminos. La magnética Luna Llena en Escorpio del día 23 profundiza, desenterrando secretos, pasiones y energías transformadoras.

La firme Luna Nueva en Tauro, el 8 de mayo, nos recuerda el valor de la paciencia y la belleza de la constancia. Para cuando salga la Luna Llena en Sagitario el día 23, nuestros espíritus se elevarán con hambre de aventura, conocimiento y búsqueda de horizontes más amplios.

El 6 de junio, la Luna Nueva en Géminis despierta la curiosidad, la comunicación y la adaptabilidad. El día 22, la Luna Llena en Capricornio afianzará nuestros objetivos y nos invitará a afrontar los retos con madurez.

En julio, la nutritiva Luna Nueva en Cáncer del día 5 nos llama a casa, subrayando la importancia de la familia, las raíces y las conexiones emocionales. Mientras tanto, otra Luna Llena en Capricornio el día 21 refuerza la importancia de la paciencia y las visiones a largo plazo.

Agosto ruge con la Luna Nueva en Leo el día 4, donde la confianza, la autoexpresión y el drama cobran protagonismo. La Luna Llena en Acuario el día 19 ofrece un contraste, destacando la comunidad, la innovación y la liberación de la norma.

A medida que nos adentramos en septiembre, la meticulosa Luna Nueva en Virgo del día 3 es un guiño a la organización, la claridad y la sanación. Sin embargo, el mes da un giro profundo con la Luna Llena y el Eclipse Lunar en Piscis el día 18, intensificando las emociones, la intuición y las inclinaciones artísticas.

Octubre nos bendice con un Eclipse Solar y una Luna Nueva en Libra el día 2. Es un momento crucial para encontrar el equilibrio, buscar la belleza y establecer la paz. La ardiente Luna Llena en Aries del día 17 nos impulsa a actuar, afirmando nuestros deseos con valentía.

En noviembre, la intensa y misteriosa Luna Nueva en Escorpio, el día 1, invita a sumergirse en lo desconocido y a desenterrar verdades. La estable Luna Llena en Tauro del día 15 nos ancla, enfatizando la sensualidad, el confort y los placeres de la vida.

Por último, diciembre viene cargado de lunas. La Luna Nueva en Sagitario el día 1 fomenta la esperanza, la libertad y la búsqueda de la sabiduría superior. La comunicativa Luna Llena en Géminis, el día 15, bulle de información, elecciones y conexiones. Y al terminar el año, la Luna Nueva en Capricornio el día 30 nos lleva a cerrar el círculo, instándonos a reflexionar, a tomar resoluciones y a enraizarnos para el año venidero.

2024 no es sólo el paso del tiempo. Con cada fase y signo lunar, ofrece un ritmo y una lección únicos. Tanto si buscas orientación en el mundo de la magia como si simplemente esperas tomar decisiones informadas, la Luna sigue siendo tu guía inquebrantable, reflejando la sabiduría del universo en nuestro reino terrenal.

LA ASTROLOGÍA TIENE LA CLAVE DE TU TRAYECTORIA VITAL

TU CALENDARIO LUNAR 2024

ENERO DE 2024

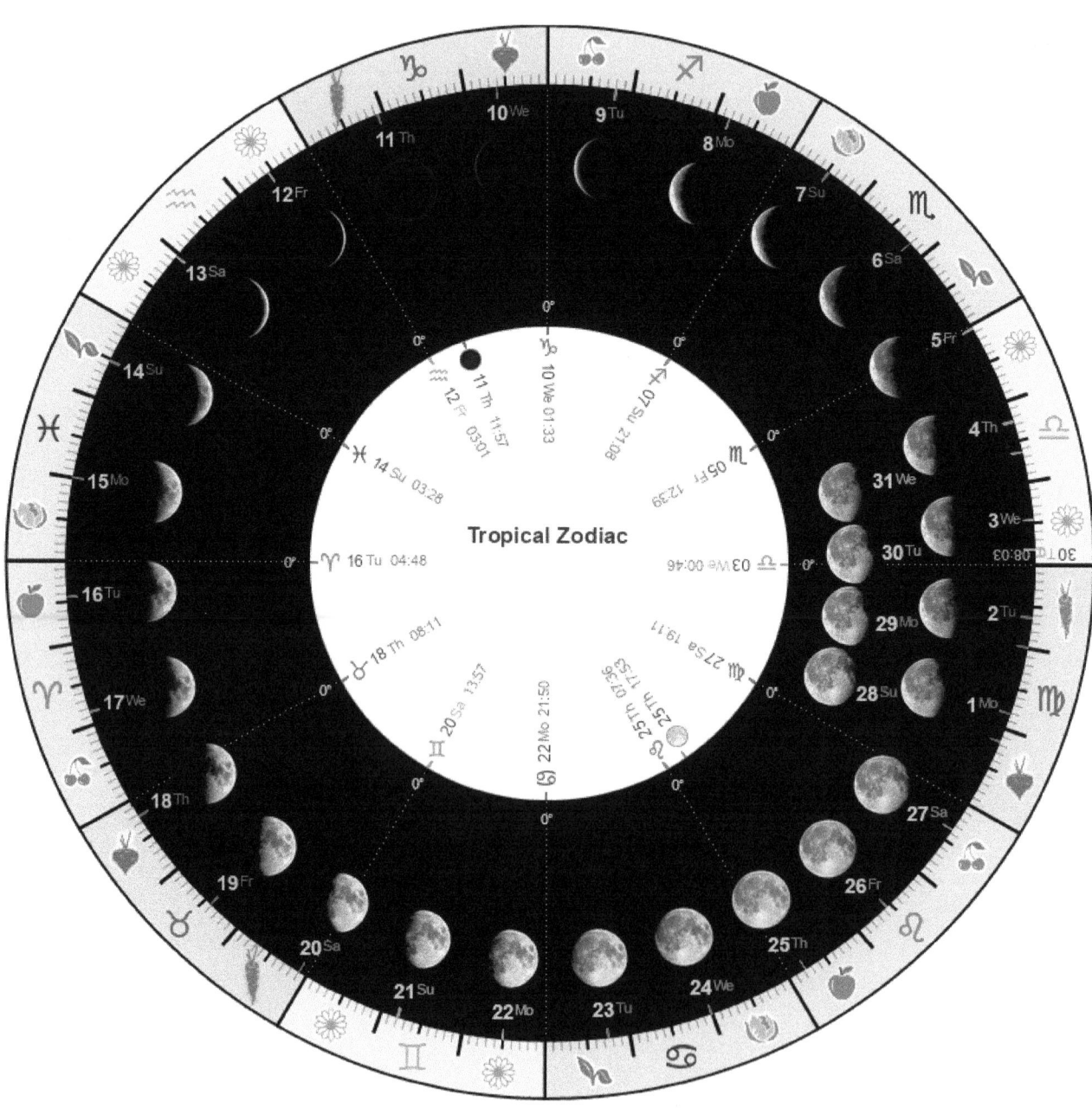

En el corazón del frío abrazo de enero, donde la naturaleza contiene el aliento y el mundo parece suspendido en el tiempo, dos símbolos ancestrales despliegan sus misterios: la Luna de Lobo wiccana y la sagrada "Æfterra Ġēola" o Después de Yule. Mientras recorremos los senderos helados de la historia y la sabiduría popular, estos símbolos, que resuenan con una profunda energía espiritual, nos invitan a una comunión más profunda con nosotros mismos y con el universo.

Brillando en el extenso tapiz del cielo de enero, la Luna del Lobo Wicca proyecta un resplandor etéreo, misterioso y familiar a la vez. Dentro de las tradiciones wiccanas, la luna siempre ha sido una entidad venerada, un faro de intuición, transformación y magia. La Luna del Lobo, llamada así por los lobos que aullaban hambrientos durante los meses más duros del invierno, no es una luna cualquiera. Representa un despertar.

Para el practicante de la Wicca, esta luna susurra secretos de resistencia y fuerza interior. Al igual que los lobos perseveran en el frío, buscando sustento, también nuestras almas buscan alimento espiritual. La Luna del Lobo es un momento para escuchar esa llamada interior, para ahondar en nuestra propia naturaleza espiritual y emerger con ideas que iluminen nuestro camino hacia adelante.

Viajando más atrás en el tiempo, la tradición anglosajona nos introduce en "Æfterra Ġēola", el tiempo que sigue a la exuberante celebración de Yule. Si Yule era un fuego ardiente, que calentaba el corazón y el alma, "Æfterra Ġēola" es la brasa incandescente, que irradia un calor suave y constante.

En la calma que sigue a la alegría festiva de Yule, "Æfterra Ġēola" sirve de pausa sagrada. Es un momento de reflexión, un momento para honrar el equilibrio entre la alegría y la quietud.

Al igual que hay celebración en la fiesta, hay sabiduría en la quietud. Los ecos de las fiestas pasadas y las promesas susurradas del futuro convergen para recordarnos que debemos valorar el presente.

A medida que la Luna del Lobo Wicca y "Æfterra Ġēola" tejen sus historias, se nos recuerda la intrincada danza de la luz y la sombra, la celebración y la introspección. Enero, en toda su gélida majestuosidad, nos invita a encontrar calor en la sabiduría ancestral y a iluminar nuestro camino con el resplandor eterno de la tradición y la comprensión.

Las fases lunares

A medida que el frío abrazo de enero desciende sobre el mundo en 2024, el cielo nocturno despliega un tapiz de historias celestiales, entretejiendo el legado de antiguas tradiciones con la danza siempre cambiante del cosmos. La esencia misma de enero es una mezcla de la promesa silenciosa del esbat wiccano de la Luna de Lobo y la nostalgia reflexiva del "Æfterra Ġēola" o "Después de Yule" de los anglosajones.

El 11 de enero, la Luna Nueva se envuelve en el aura disciplinada de Capricornio. Con la primera luz del día todavía vacilante en el horizonte, la fase lunar nos recuerda la fuerza silenciosa y la resistencia inquebrantable inherentes tanto a la cabra montés de Capricornio como al espíritu del lobo. Es un momento de reflexión interior, que se hace eco de la silenciosa pisada del lobo a través de un bosque cubierto de nieve, y de la inquebrantable ascensión de Capricornio por terrenos escarpados. Es la luna de las resoluciones silenciosas y del establecimiento de intenciones firmes, una fase en la que lo antiguo y lo inmediato se entrelazan.

El 25 de enero, la narrativa cósmica experimenta un cambio dramático. La Luna Llena, bañada por la energía regia y vivaz de Leo, ilumina la noche. Esta fase lunar, que tradicionalmente resuena con el fervor del esbat de la Luna de Lobo, converge ahora con la calidez y el corazón de Leo, un signo de fuego conocido por su exuberancia y pasión. Cuando el espíritu rugiente de Leo se encuentra con el aullido del lobo, recordamos las reuniones y celebraciones de "Æfterra Ġēola", esos momentos en los que las familias se reunían, compartían historias del Yule recién pasado y expresaban sus esperanzas para el año venidero. Esta luna nos anima a honrar nuestros instintos primarios y a disfrutar de las alegrías de la comunidad y de las historias compartidas.

Consejo lunar: A medida que la Luna Llena de Leo proyecta su resplandor radiante, deja que encienda los fuegos interiores de la creatividad y la pasión. En esta noche, ponte algo que te haga sentir majestuoso, sumérgete en una forma de arte que ames o, simplemente, suelta un aullido en la noche, conectando con los antiguos espíritus que han bailado bajo esta misma luz de luna. Celebra la melodía única de tu alma y deja que armonice con el coro de los siglos.

La luna en el jardín

Enero, con su frescor y su silenciosa transformación, guarda un secreto de jardín para quienes se atreven a escuchar los ritmos de la luna. En el umbral de un nuevo año, la luna gibosa menguante emerge en las primeras horas del 1 de enero, envuelta en la influencia de Virgo, una invitación para que nuestras manos toquen la tierra.

Durante los tres primeros días de enero, la luna, con la meticulosa Virgo a su lado, susurra un mantra constante a los jardineros. Este periodo anuncia el momento de ahondar en la tierra, de sembrar y plantar plantas subterráneas. Las exigentes raíces de las plantas se alinean armoniosamente con los días de Virgo, invitando a árboles, arbustos y plantas perennes a asentarse en la tierra. Paralelamente, los días también están preparados para la cosecha y las acciones destinadas a reducir el crecimiento, ya sea cortando el césped o podando. El estado de ánimo cambia brevemente a última hora del 3 de enero, cuando Libra adorna la danza de la Luna y dirige nuestra atención hacia las flores.

El 4 de enero, cuando la Luna alcanza su Cuarto Menguante, un cambio silencioso recorre el jardín. La influencia floral de Libra domina un día más. Sin embargo, poco después comienzan los días de hojas de Escorpio, que se extienden a lo largo de una serie de lunas crecientes menguantes, marcando un periodo de descanso e introspección. Son días para recoger y almacenar, para combatir las malas hierbas y cuidar el césped. A medida que nos acercamos a la Luna Nueva del 11 de enero, los días estériles bajo Sagitario sirven como recordatorio conmovedor de la necesidad de quietud del jardín y de nuestra necesidad de reflexión.

Cuando la luna se reinicia, emergiendo de nuevo el 11 de enero, la energía de Capricornio nos implora que nos volvamos de nuevo hacia nuestras plantas de raíz. Sin embargo, Acuario, no muy lejos, dirige nuestra mirada hacia arriba, instándonos a sembrar plantas anuales por encima del suelo, especialmente las de hoja. La narrativa de la luna creciente bajo Piscis y Aries sigue la misma línea, haciendo hincapié en las verduras de hoja verde y, más tarde, en los cereales, las hierbas y los pepinos.

A mediados de mes, sobre todo el día 18, cuando la Luna del Primer Cuarto está en la corte, Tauro nos seduce con su robusta terrenalidad, guiándonos hacia la plantación de productos sobre el suelo. Pero a medida que la luz de la Luna aumenta, también lo hace su abrazo con el encanto aéreo de Géminis y la profundidad nutritiva de Cáncer, haciendo que los días previos a la Luna Llena del 25 de enero sean óptimos para plantar frutales, cereales y flores.

El resplandor de la Luna Llena del 25 de enero no es sólo un espectáculo para la vista; es un toque de clarín para los jardineros. Bajo la influencia de Cáncer, es un momento potente para recoger hierbas y plantas medicinales, extrayendo su máxima eficacia bajo el radiante abrazo de la Luna. Sin embargo, el espíritu ardiente de Leo no tardará en tomar el relevo, guiándonos de vuelta a nuestras plantaciones subterráneas antes de que Virgo regrese a finales de mes, cerrando enero como empezó, con un suave empujón hacia las raíces.

El 28 de enero se produce un acontecimiento poco frecuente. Cuando la Luna se opone a Saturno, el universo susurra que es un día de rociado, un día para proteger y cuidar, para protegerse de lo invisible.

FEBRERO DE 2024

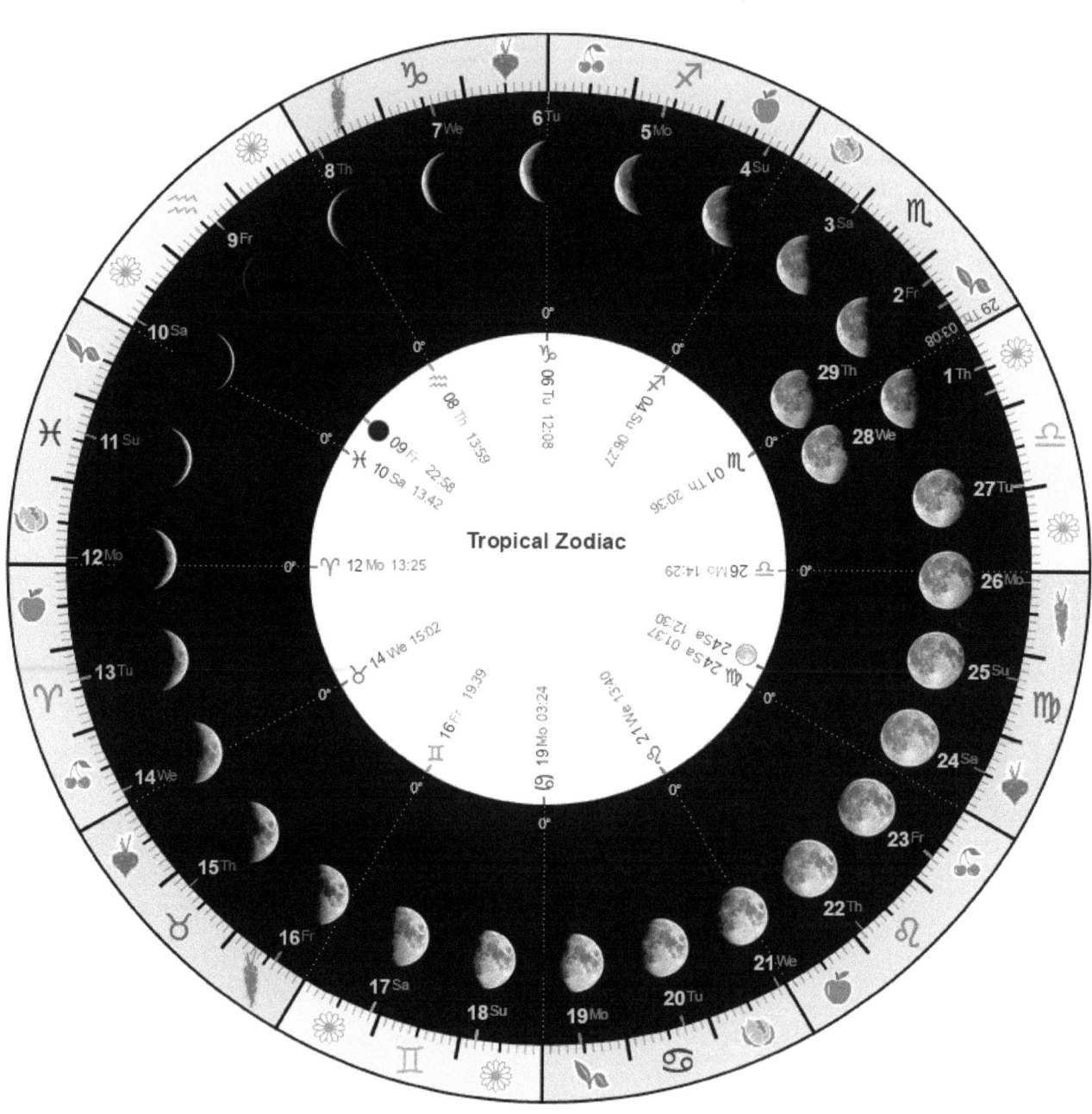

En las profundidades del invierno, cuando la tierra parece dormida y los cielos están cargados de gris, febrero emerge susurrando las antiguas historias de la Luna de Hielo wiccana, el Solmōnaþ del inglés antiguo y el festival sagrado de Imbolc. Estos tres misterios entrelazados nos invitan a un viaje espiritual de revelación e introspección.

La Luna de Hielo wiccana no es sólo un nombre o un descriptor; es un símbolo profundo. Mientras el mundo yace envuelto en un abrazo helado, la Luna de Hielo brilla, centinela en el cielo nocturno. Esta luna, con su fría luminiscencia, habla al corazón de la resistencia y la belleza de la perseverancia. Hay una resistencia en el mundo natural que se refleja en nuestras propias almas. Los paisajes inhóspitos, aparentemente desprovistos de vida, están simplemente en reposo, cobrando fuerza, alimentando la promesa del renacimiento. Del mismo modo, la Luna de Hielo nos insta a reflexionar sobre nuestros paisajes interiores, a reconocer la fuerza que llevamos dentro y los sueños dormidos que esperan ser reavivados.

Sin embargo, bajo la escarcha y la nieve, los antiguos ritmos de la tierra laten en la época de Solmōnaþ, el Mes del Barro. Este término del inglés antiguo es más que un reconocimiento del deshielo de la tierra y de los caminos embarrados. Significa transición, un suave empujón del universo que indica que, bajo la aparente quietud, se agita la vida. El barro, a menudo visto como símbolo de desorden y confusión, es, en realidad, un heraldo del cambio. Nos habla de las semillas que pronto brotarán, de las flores que florecerán y de la inevitable danza de las estaciones. En el desorden hay potencial, un recordatorio de que la belleza y el crecimiento surgen a menudo del caos.

Entre estas maravillas cósmicas, febrero acuna el sabbat de Imbolc. Esta festividad, situada entre el solsticio de invierno y el equinoccio de primavera, es una celebración de los primeros signos de la primavera. A medida que los días se alargan sutilmente y la energía de la tierra cambia, Imbolc honra a la diosa Brigid, guardiana de la llama sagrada. Esta llama, tanto literal como simbólica, representa el retorno de la luz y el despertar de la tierra. Es el momento de limpiar, revitalizar y fijar las intenciones para los próximos meses. El frío sigue presente, pero la promesa de calor y renacimiento es palpable. Imbolc es un puente entre lo que fue y lo que será, que nos insta a honrar nuestro pasado y a abrazar con ilusión el futuro.

Así que, a medida que se desarrolla febrero, sumerjámonos en sus misterios. Dejemos que la Luna de Hielo Wicca ilumine nuestros deseos más profundos, que el Mes del Barro nos enraíce en la realidad de la transformación y que Imbolc ilumine nuestro camino hacia delante. En este mes, los secretos se revelan, no al mundo, sino al corazón silencioso que escucha.

Las fases lunares

En el corazón profundo de febrero de 2024, mientras el ritmo de la tierra oscila entre el toque de la escarcha y la promesa del renacimiento, los cielos tejen una historia tan antigua como el tiempo mismo. Esta narración extrae su esencia de la enigmática Luna de Hielo wiccana, del abrazo transformador de Solmōnaþ y de las llamas sagradas del amanecer de Imbolc.

El 9 de febrero, envuelta en el aterciopelado manto de la noche, la Luna Nueva en Acuario emerge exactamente a las 22:58 horas. Acuario, el portador de agua, no sólo vierte agua, sino también sueños, aspiraciones y la esencia misma del cambio. Cuando esta energía se mezcla con la sabiduría estoica de la Luna de Hielo, pinta una visión de futuros cristalinos, aún sin formar, esperando a ser esculpidos a partir del cuadro congelado del presente.

Pero en medio de esta belleza celestial, en el plano terrenal, el periodo comprendido entre el 1 y el 2 de febrero encierra su propia magia ancestral. Imbolc, un sabbat de fuego y esperanza, enciende las primeras chispas del regreso de la primavera. La diosa Brígida extiende sus dedos y la tierra sale lentamente de su letargo. Este despertar armoniza con la fría claridad de la Luna de Hielo, sugiriendo que incluso en las profundidades del invierno residen la calidez y el renacimiento, velados pero vibrantes.

Los cuentos del mes van in crescendo cuando la Luna Llena en Virgo engalana los cielos el 24 de febrero, haciendo notar su presencia a las 12:30. Virgo, con sus energías enraizadas y nutritivas, susurra el cultivo cuidadoso y el toque curativo de la tierra. En el abrazo de la Luna de Hielo, esto se convierte en un potente recordatorio de que, bajo la escarcha y la quietud, están en juego procesos transformadores. Y a medida que Solmōnaþ se despliega, los caminos fangosos que esculpe dan testimonio de la verdad de que el crecimiento, a menudo desordenado y desafiante, es el precursor del florecimiento.

Consejo lunar: En la víspera de la Luna Llena de Virgo, en la quietud de la noche, entra en el abrazo de la naturaleza. Sumerge tus manos en el frío y fangoso abrazo de Solmōnaþ, conectándote a tierra. Mientras levantas la mirada hacia la plateada extensión de lo alto, libera a la luna de cualquier incertidumbre, permitiendo que las energías combinadas de Brígida, la Luna de Hielo y Virgo limpien, renueven e iluminen tu camino. En el corazón del invierno, recuerda que la promesa del renacimiento está sólo a un rayo de luna de distancia.

La luna en el jardín

El aire estaba cargado de expectación cuando amaneció febrero de 2024. Tras la cortina de frío invernal, estaba a punto de comenzar una danza entre la Tierra y la Luna, coreografiada con ritmos ancestrales y secretos susurrados por las constelaciones.

Cuando el 1 de febrero se desveló, la luz gibosa menguante de la luna proyectó sombras sobre los jardines. Con Libra como guía hasta el atardecer, las flores, en su silenciosa sabiduría, absorbieron la energía cósmica. Pero tras el crepúsculo, el testigo pasó a Escorpio, que instó a las raíces a profundizar y anclar la esencia de la vida en la tierra. Esta danza entre flores y raíces persistió, instando a los jardineros a plantar, cosechar, fertilizar y trasplantar.

Después vino la fase estéril. A medida que la Media Luna Menguante se extendía por los cielos desde el día 4, señalaba un periodo de descanso, que permitía a la naturaleza rejuvenecer y a la tierra recuperar su fuerza. Aquí, en medio de la tranquilidad, la energía de las hojas de Escorpio dejó paso gradualmente al entusiasmo afrutado de Sagitario.

La Luna Nueva del 9 de febrero llegó casi clandestinamente, centinela en Acuario. Invitó a la meditación, la celebración y la reflexión en los jardines. Comenzó una transición silenciosa a medida que la Luna crecía. Acuario dio paso a Piscis el 10 de febrero, señalando los días de hojas. Las plantas anuales que crecían sobre el suelo recibían la serenata de los susurros del cielo, que las animaban a crecer y las instaban a alcanzar el cielo.

La narración de los astros continuó con Aries, que infundió una energía afrutada, seguida del abrazo terrenal de Tauro. Luego llegó la fase de giborio creciente, en la que Géminis inspiró las flores y Cáncer invitó a las hojas a florecer. Pero fue Leo, poderoso y radiante, quien coronó el mes con el resplandor de la Luna Llena el 24 de febrero. Los jardines se llenaron de energía, un tiempo tanto para el descanso como para la cuidadosa recolección de hierbas medicinales.

Entonces cambió la marea. La Gibosa Menguante volvió a susurrar a las raíces. Bajo la mirada de Virgo, la atención se desplazó bajo tierra. A medida que los días menguaban hacia el final del mes, Libra regresó y los jardines se bañaron en el suave resplandor de los días floridos, antes de que Escorpio volviera a tomar el escenario, anunciando el final del mes con un frondoso encanto.

MARZO DE 2024

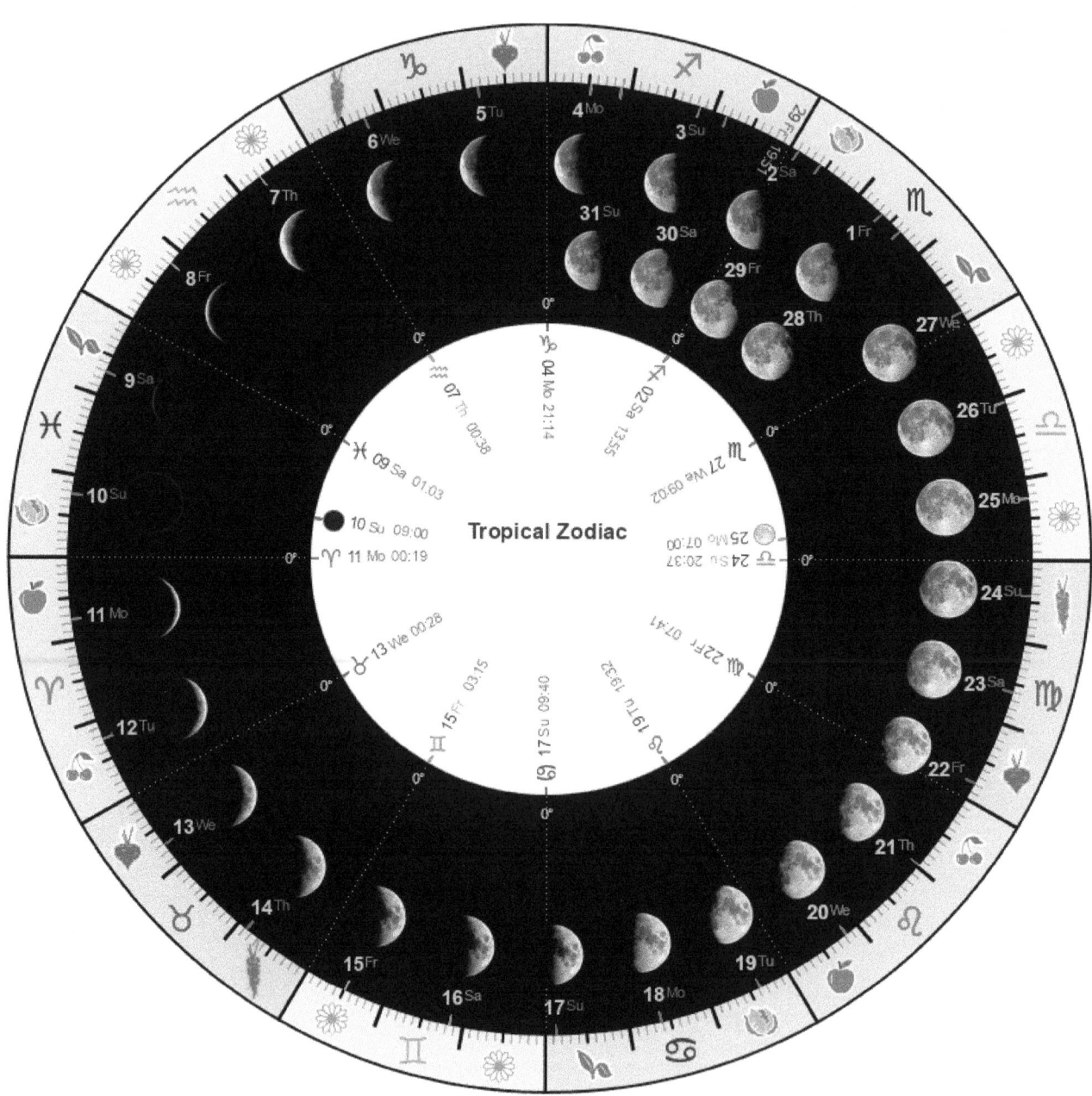

Marzo es un mes de despertar, un enigma envuelto en los misterios de antiguas tradiciones. A medida que el invierno afloja sus garras y los primeros susurros de la primavera acarician la tierra, los cuentos wiccanos y anglosajones se entremezclan en la danza del tiempo. No es sólo un símbolo del clima tempestuoso que a menudo define esta época del año, la Luna de Tormenta esconde secretos más profundos. Significa los torbellinos internos, los trastornos emocionales y espirituales, y las transformaciones catárticas que allanan el camino para la renovación. En medio de esta tempestad, el calendario anglosajón anuncia marzo como Hrēþmōnaþ, el mes de la diosa Hretha. Enigmática y poco conocida, Hretha es la diosa de la victoria. Aunque gran parte de su tradición se ha perdido en las arenas del tiempo, su presencia en marzo habla de triunfo, quizá sobre la dureza del invierno o las batallas personales. Honrar a Hretha es abrazar las victorias, grandes o pequeñas, y comprender los ciclos de desafío y recompensa.Sin embargo, a medida que la Luna de las Tormentas mengua y Hrēþmōnaþ despliega sus misterios, otra celebración llama silenciosamente. Ostara, el Sabbat wiccano que celebra el equinoccio de primavera, arroja un suave resplandor a finales de marzo. Ostara es una sinfonía de renacimiento, un momento en el que la vida resurge del letargo invernal. El delicado equilibrio entre la noche y el día durante el equinoccio refleja el equilibrio que buscamos en nuestras vidas. Es el momento de honrar la fertilidad, no sólo de la tierra, sino también de la mente y el espíritu. A medida que florecen las flores y se agitan los animales, Ostara nos recuerda que debemos abrir nuestros corazones al potencial de lo que está por venir, plantar las semillas de nuestros deseos y disfrutar de la luz naciente.En el viaje sagrado a través de marzo, se nos invita a navegar por los mares tormentosos del alma, honrar las victorias con el favor de Hretha y bailar en la luz del amanecer de Ostara. Es un mes en el que convergen antiguas historias y rituales transformadores, ofreciendo un camino hacia la renovación y el renacimiento.

Fases de la luna

A medida que marzo desvela sus misterios, los cielos también desempeñan su papel en una danza cósmica de cambio y renacimiento. Este mes, la Luna asume los papeles tanto de tímida doncella como de poderosa matrona, guiándonos a través de las enigmáticas aguas de Piscis y la equilibrada balanza de Libra.La Luna Nueva emerge en el soñador signo de Piscis el 10 de marzo, justo cuando el sol de la mañana comienza su ascenso. Piscis, un signo a menudo asociado con las profundidades ilimitadas de la emoción y la intuición, se alinea maravillosamente con el lienzo de oscuridad que proporciona la Luna Nueva. Esta fase es una reminiscencia de un secreto susurrado o de una canción de cuna no cantada, que nos insta a adentrarnos en el mundo de nuestros sueños no expresados, los deseos que guardamos cerca del corazón. La Luna doncella en Piscis invita a la introspección, a una reflexión tranquila sobre las dimensiones etéreas y espirituales de nuestra existencia.Pero las aguas de Piscis son sólo el preludio. La Luna Llena, grandiosa y luminosa, sale en el signo de Libra el 25 de marzo, anunciada por un impresionante eclipse lunar. Esta luna se conoce a menudo en los círculos wiccanos como la Luna de la Tormenta, que representa no sólo el tempestuoso clima de marzo, sino también las tormentas emocionales y espirituales que se gestan en nuestro interior. La Luna de Tormenta, combinada con la búsqueda del equilibrio, la armonía y la justicia de Libra, crea una poderosa sinfonía. Es una época en la que el universo nos incita a buscar el equilibrio en medio del tumulto interno, a encontrar el lado positivo entre las nubes de tormenta. Hrēþmōnaþ, el Mes anglosajón de la diosa Hretha, teje su propia historia en este ballet cósmico. Marzo, bajo la atenta mirada de Hretha, habla de victoria, quizás sobre las heladas garras del invierno o sobre las tempestades personales reflejadas por la Luna de Tormenta. Mientras navegamos a través de estas fases lunares, la influencia de Hretha es palpable, recordándonos que con cada desafío al que nos enfrentamos, hay una recompensa, un triunfo que espera ser celebrado. En medio de este flujo y reflujo celestial, Ostara adorna la tierra el 20 de marzo. Este Sabbat Wiccano, que celebra el equinoccio de primavera, es un momento de equilibrio, un eco del equilibrio Libra que busca la Luna Llena. Es un momento de renacimiento y renovación, ya que la vida vuelve a brotar de la tierra fría. Ostara y la Luna Llena en Libra nos invitan a abrazar los nuevos comienzos, a encontrar la armonía interior y exterior, y a celebrar la vibrante danza de la vida.

Consejo lunar: Mientras la Luna de Tormenta en Libra alcanza su cenit, tómate un momento para meditar sobre una tormenta personal a la que te hayas enfrentado. Visualiza cómo se equilibra con una victoria o bendición. Deja que la balanza se incline a favor de la esperanza, abrazando el poder transformador que ofrece esta Luna Llena. Recuerda que a toda tempestad le sigue el abrazo tranquilo del amanecer.

Luna en el jardín

A principios de marzo, bajo la guía del Giboso Menguante en Escorpio, la tierra exhala y te invita a acercarte. El suelo está maduro para sembrar esas plantas subterráneas, con preferencia por las de raíz. También es un momento propicio para bendecir tu jardín con nuevos árboles, arbustos y plantas perennes. De paso, cosecha con gratitud, nutre con fertilizantes y trasplanta con cuidado tus plantas más queridas. ¿Y para esas secciones que crecen demasiado? Es el momento de cortar el césped y podar con cuidado. ¿El objetivo? Cuando el reloj marque las 13:56 del día 2, la energía cambiará sutilmente. Sagitario toma las riendas y el jardín susurra frutos.

El día 3, cuando saludamos al Último Cuarto de Luna, Sagitario sigue dominando, insinuando un equilibrio entre raíces y frutos. La fase estéril hace su entrada el día 4 con el Creciente Menguante en Sagitario, pero no por mucho tiempo. Por la noche, exactamente a las 21:15, Capricornio aparta suavemente a Sagitario. Sobreviene un tiempo de descanso, pero con él llega una invitación: cosechar y almacenar, fertilizar, trasplantar, combatir esas molestas malas hierbas, y sí, podar y segar, manteniendo el crecimiento bajo control.

Este ritmo continúa hasta el día 7, cuando Acuario emerge después de medianoche, impregnando el ambiente de una esencia floral. Los días siguientes, dominados por este signo portador de agua, aconsejan moderación en la siembra, pero favorecen el acto de la cosecha.

Y luego, el día 10, una profunda quietud cubre el jardín. La Luna Nueva en Piscis a las 09:00 es un momento para hacer una pausa, celebrar y meditar. Para el día 11, Piscis persiste pero no sin que Aries haga un cameo después de medianoche, señalando la necesidad de sembrar y plantar plantas anuales por encima del suelo, especialmente las de hoja. Piensa en cereales, hierbas y, sí, pepinos. También es el momento de estimular el crecimiento, así que corta el césped y poda e injerta con habilidad.

Esta danza y canción entre Aries y Tauro continúa hasta mediados de marzo, sólo para ser interrumpida por Géminis el día 15, inclinando el péndulo hacia las flores. Pero a las 09:41, Cáncer entra en escena, cambiando sutilmente la energía hacia las plantas frondosas. Los próximos días son cruciales para las plantas frutales y los cereales, sin olvidar las flores que añaden color y vida. Leo hace acto de presencia el día 19, impulsando la agenda frutal.

Sin embargo, el 23 no es un día cualquiera. Como la Luna está en oposición a Saturno, es un día óptimo para plantar, a sólo dos días de la Luna Llena. Virgo entra en escena, recordándonos la esencia terrenal y la naturaleza enraizante de las plantas con raíces.

El 25 es un día de reverencia. La Luna Llena a las 07:00 en Libra es un momento para que el alma conecte con la naturaleza. Después de este acontecimiento celeste, la influencia de Libra se mantiene, pero con una inclinación hacia los días floridos hasta que Escorpio haga acto de presencia el día 27. El mes se completa con la persistencia de la luna gibosa menguante, con Sagitario tomando el mando el 29 al anochecer.

ABRIL DE 2024

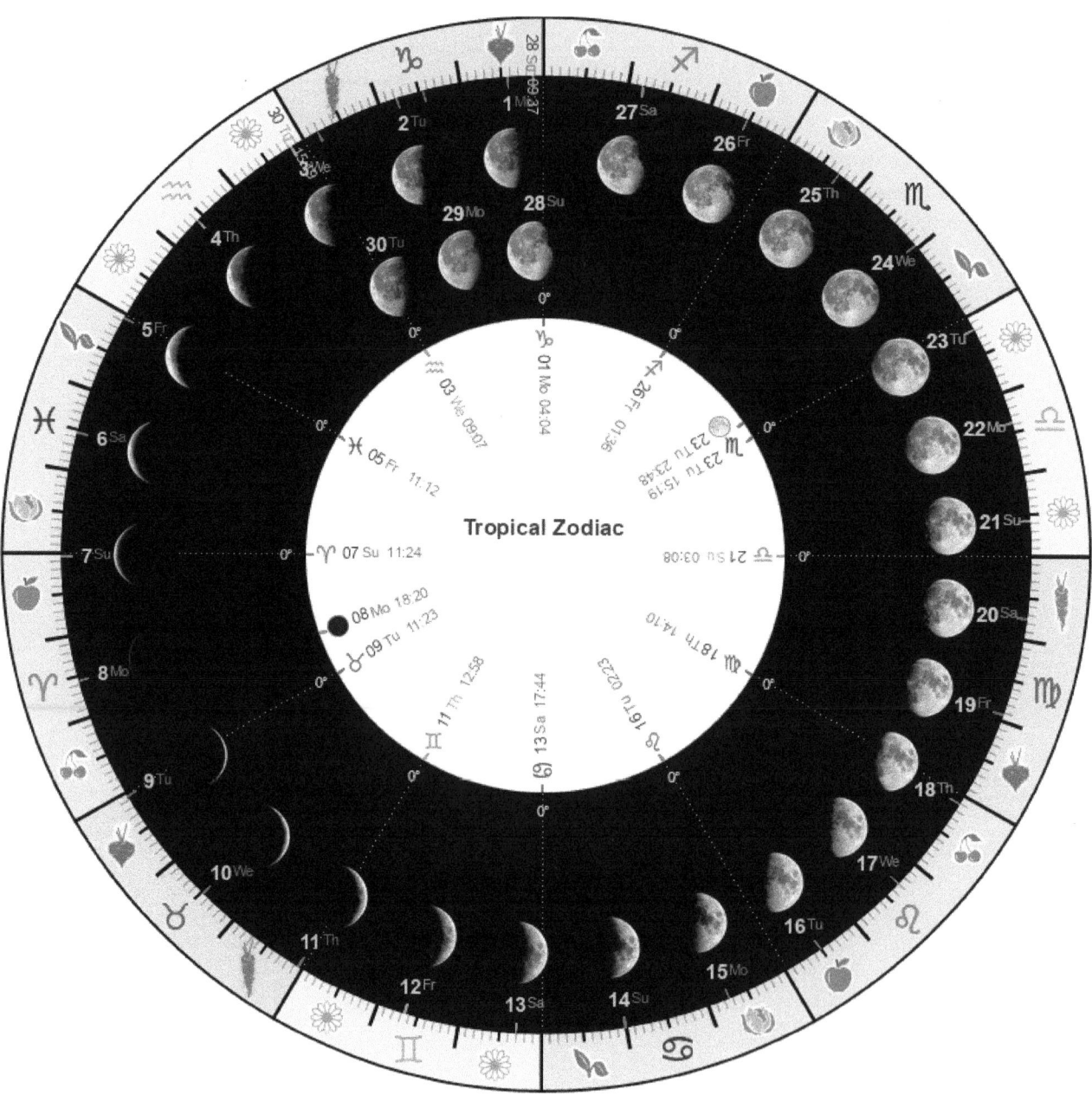

En la suave cadencia del tiempo, el mes de abril emerge como un portal, tendiendo un puente entre las antiguas tradiciones y los ritmos del mundo natural. A medida que el mundo despierta de su letargo invernal, la Luna Creciente Wiccana de abril anuncia un periodo de expansión, crecimiento y el toque fértil de la magia.Sumérgete en los anales de la historia y descubrirás el término inglés antiguo "Ēastermōnaþ", que se traduce como Mes de Pascua. Enraizado en los meses de marzo y abril, es un testimonio de la delicada danza entre los ciclos cósmicos y las tradiciones terrenales. Ēastermōnaþ, con sus vínculos etimológicos con la diosa Eostre -a menudo asociada con la fertilidad y el amanecer- muestra el antiguo significado de estos meses de transición, que tienden un puente entre la retirada del invierno y el suave abrazo de la primavera. La celebración cristiana de la Pascua no es simplemente una fecha fija en el calendario gregoriano; es una festividad lunar. Determinada por los ciclos de la luna, la Pascua cae el primer domingo después de la primera luna llena que sigue al equinoccio de primavera. Esta relación con las fases de la luna vincula estrechamente las tradiciones cristianas con las antiguas prácticas agrícolas, ya que el equinoccio marca el punto de equilibrio, con el día y la noche en armoniosa igualdad, y marca también un momento de cambio, un giro hacia días más largos y la promesa de una cosecha abundante. En la antigüedad, este periodo posterior al equinoccio se consideraba el comienzo de un nuevo calendario lunar en la agricultura. La tierra, antes dormida y fría, empieza a revolverse con vida. Las semillas se siembran con intenciones susurradas, y el mundo reverdece, reflejando la promesa de lo que está por venir.Esta intrincada danza entre el calendario lunar y las prácticas agrícolas no era una mera coincidencia. Era un vínculo sagrado, un respeto mutuo entre la humanidad y el cosmos. Los agricultores, con las manos untadas en la rica tierra, miraban a la luna, inspirándose y guiándose por su brillo plateado. Reconocían que el poder que movía las mareas y mecía los ciclos de la vida también influía en la savia que brotaba de los árboles y en las semillas que germinaban bajo tierra.

Hoy, en la cúspide de la modernidad, es vital recordar y apreciar estas conexiones. La Luna Creciente wiccana de abril y el legado de Ēastermōnaþ nos invitan a alinearnos con los ritmos de la Tierra y el cosmos. A reconocer la Pascua no sólo como una observancia religiosa, sino como un testimonio de la danza atemporal de la luna, la Tierra y la humanidad.Que abril sea un recordatorio, un suave susurro al oído, empujándonos a ver la magia que nos rodea. A medida que florecen las flores y la tierra adquiere un tono verde más brillante, ojalá nos encontremos entrelazados en esta danza milenaria, acercándonos tanto a los misterios del cosmos como al abrazo tangible y enraizado de la Tierra.

Las fases lunares

Abril, un mes en el que el mundo comienza a descongelarse y florecer, ofrece una danza mística de acontecimientos celestes que hablan directamente a nuestras almas. Con el Mes de Pascua como telón de fondo y la celebración cristiana de la Pascua el 31 de marzo, los cielos de abril desvelan dos fases lunares significativas que atraen nuestra atención: el Eclipse Solar con la Luna Nueva en Aries y la Luna Llena en Escorpio.

A medida que el crepúsculo se hace más profundo el 8 de abril, un velo misterioso cubre nuestro mundo, significando el Eclipse Solar y la Luna Nueva en el ardiente Aries. En las tradiciones wiccanas, la Luna Nueva representa los comienzos, el potencial y el aspecto de la joven Doncella de la Triple Diosa. Fusionando esta potente energía de comienzo con el vigor de Aries, un signo conocido por su espíritu pionero y su energía bruta, el universo parece susurrar un secreto: es tiempo de renacimiento, de emprender nuevos viajes y embarcarse en aventuras inexploradas. La alineación de esta fase lunar con Ēastermōnaþ amplifica estos sentimientos. Ēastermōnaþ, llamada así en honor de la diosa Eostre y reflejada en la celebración cristiana de la resurrección, hace hincapié en el renacimiento y la renovación.

Sin embargo, mientras los días de abril fluyen y refluyen, otro acontecimiento celeste nos aguarda. La noche del 23 verá la Luna Llena en el enigmático Escorpio. Escorpio, un signo a menudo asociado con la profundidad, la transformación y los misterios de lo desconocido, baña el esbat de la Luna Creciente con una luz profunda e introspectiva. La Luna Creciente, en las tradiciones wiccanas, simboliza la fertilidad de la Tierra, haciéndose eco de los sentimientos de Ēastermōnaþ. El mundo está vivo, y la Luna Llena en Escorpio nos recuerda las profundas raíces y misterios bajo nuestros pies. Es un momento de intensa comprensión emocional, un periodo en el que el velo entre lo que se ve y lo que no se ve se hace más delgado.

Dada la proximidad de la Pascua cristiana, fiesta de resurrección y esperanza, esta Luna Llena es un guiño cósmico a los ciclos de muerte y renacimiento, tanto en el ámbito físico como en el espiritual. Es la forma que tiene el universo de iluminar la profunda interconexión de las distintas tradiciones y creencias, mostrándonos los temas universales de la renovación y la transformación.

Consejo de la Luna: En la noche de la Luna Llena en Escorpio, sumérgete en los misterios de lo invisible. Considera una meditación a la luz de la Luna, profundizando en tus propias energías transformadoras. Deja que las intensas energías de Escorpio te guíen hacia la comprensión de partes de ti mismo aún inexploradas, y emerge renacido, al igual que el mundo que te rodea en esta gloriosa Ēastermōnaþ.

Luna en el jardín

En la cúspide del mes, a las puertas de abril, la fase gibosa menguante de la Luna está en armonía con el animoso Sagitario, pasando rápidamente al firme Capricornio a las 04:05. Esta fase significa el momento adecuado para profundizar, centrándose en la plantación de plantas bajo tierra y, en particular, plantas de raíz. Como jardinero, también es un periodo próspero para enriquecer la tierra, cosechar y reducir el crecimiento mediante la poda.

En los días siguientes, la Luna menguará aún más, pasando del Cuarto Menguante del día 2 a la Luna Nueva del día 8. Es un momento de quietud en el jardín, un periodo de espera y contemplación. En medio de esta quietud lunar, recordamos que a veces el descanso es una forma de preparación. Y mientras la fase estéril del 3 al 7 se hace eco de sentimientos de paciencia y aplazamiento de la siembra, la Luna Nueva en Aries del 8 invita a un momento de meditación y celebración.

El 9 de abril anuncia un renacimiento con la Luna creciente, una fase que enfatiza el crecimiento y los comienzos. Mientras la Luna viaja por Aries y luego por Tauro, el jardín pide la siembra de plantas anuales sobre el suelo, especialmente esas maravillas de hoja, cereales y hierbas aromáticas. Con el creciente en juego, puedes sentir el aumento de energía, la necesidad de injertar y podar para impulsar el crecimiento.

Al llegar a mediados de abril, las energías de la Luna cambian, favoreciendo ahora a las plantas frutales al residir en el vivaz Leo. Pasan los días y la fase gibosa creciente extiende su reino sobre

LA ASTROLOGÍA TIENE LA CLAVE DE TU TRAYECTORIA VITAL

Virgo y Libra, días señalados para plantar plantas frutales y el delicado arte de cortar el césped para que crezca más. Y aunque el 19 de abril sugiere un día para aprovechar las energías de la luna para la pulverización, debido a su oposición a Saturno, el 23 marca la cúspide del mes: la Luna Llena. Libra acuna a la Luna hasta la tarde, pasando después a Escorpio, y es un día no sólo para el descanso, sino también para la recolección de hierbas medicinales. Los últimos días del mes ven a la Luna en su fase de gibosa menguante, volviendo a su afinidad con las plantas subterráneas. En su viaje de Escorpio a Sagitario y finalmente a Capricornio, los días invitan a plantar raíces, a nutrir el suelo y a cuidar árboles, arbustos y plantas perennes.

MAYO DE 2024

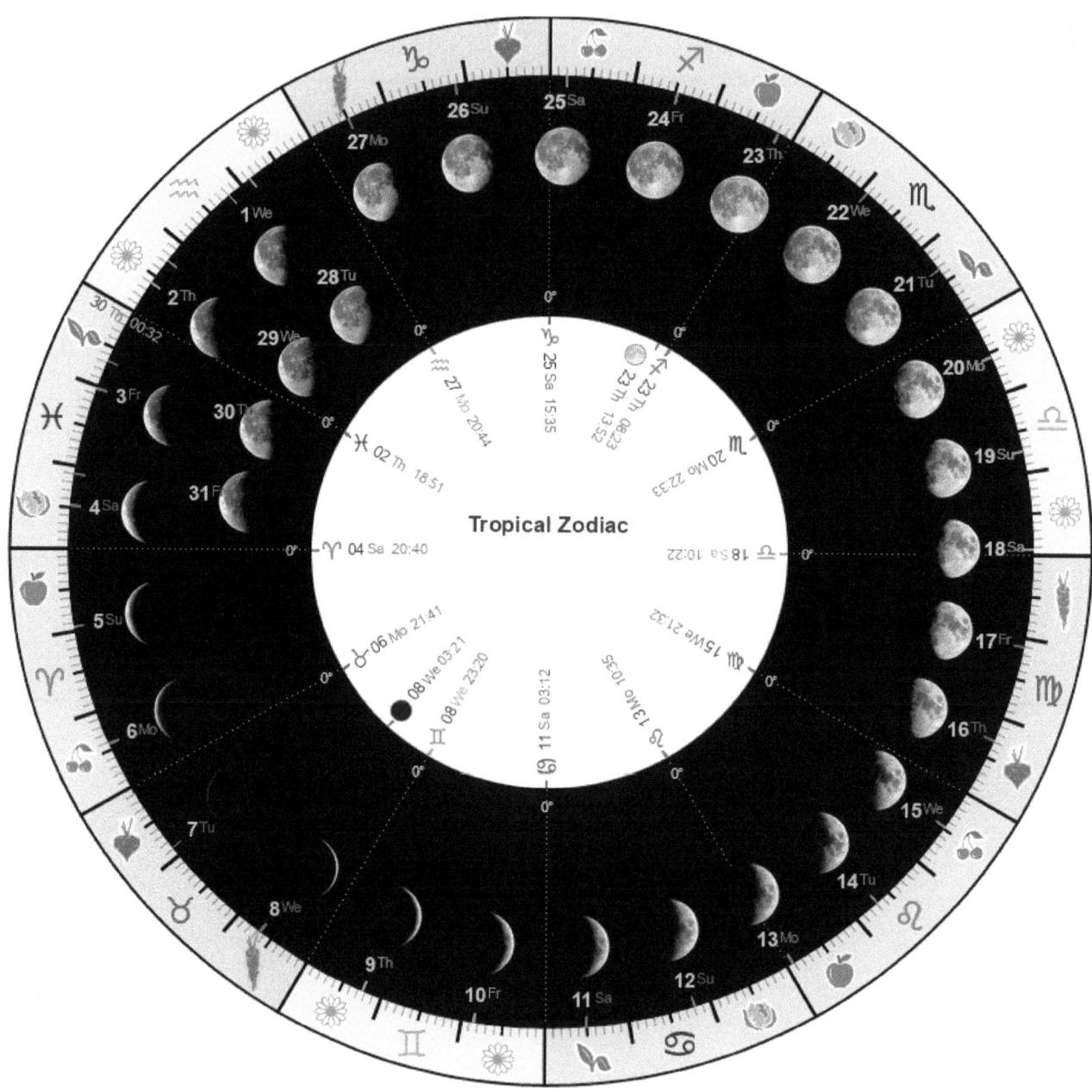

En el tapiz del tiempo, cuando la naturaleza despliega sus verdes estandartes y el mundo se convierte en un derroche de vida, mayo destaca como un mes de magia, misterio y profundo significado espiritual. El aire mismo parece latir con un ritmo ancestral, susurrando secretos de antaño. Al adentrarnos en los encantos de mayo, nos encontramos en un viaje que entrelaza la Luna de Liebre wiccana, la milenaria Þrimilcemōnaþ y las celebraciones iluminadas por el fuego de Beltane. El calendario wiccano, también conocido como la Rueda del Año, celebra la Luna de Liebre en mayo. Esta luna tiene un profundo significado, ya que toma su nombre de la liebre, emblema de la fertilidad y el renacimiento. Como las liebres son conocidas por sus hábitos reproductivos particularmente enérgicos, su asociación con la vitalidad floreciente de la primavera es muy apropiada. Bajo la Luna de Liebre, recordamos la vida floreciente que nos rodea, el potencial y el ritmo palpitante de la tierra que late en todas las criaturas. Es una época en la que el mundo está lleno de promesas y el velo entre los reinos se hace más fino, lo que lo convierte en un momento perfecto para la adivinación y la conexión con los misterios del universo. Retrocediendo en el tiempo, el calendario inglés antiguo nos presenta Þrimilcemōnaþ, o el "Mes de los tres ordeños". Antaño, este era el periodo en el que el ganado, especialmente las vacas, podían ser ordeñadas tres veces al día, debido a los abundantes pastos en los que pastaban. No era una mera observancia agrícola, sino un testimonio de la abundancia y fertilidad desbordantes de la tierra. El propio nombre de este mes evoca un mundo en el que la generosidad de la naturaleza nutre a todos los seres vivos. Es un potente recordatorio de los ciclos de dar y recibir, de nutrir y ser nutrido, y de la danza interconectada de la vida. Sin embargo, la joya de la corona de los misterios de mayo es, sin duda, Beltane. Beltane o Sabbat, que se celebra el 1 de mayo, es una fiesta del fuego que marca la mitad del camino entre el equinoccio de primavera y el solsticio de verano. Sus llamas no son sólo calor, sino pasión e inspiración. Nos invitan a saltar sobre ellas, no sólo para tener buena suerte, sino para dejar atrás lo viejo y saltar hacia lo nuevo con fervor y esperanza. Los fuegos de Beltane sirven de faro, nos guían hacia el cálido abrazo del verano que se aproxima e iluminan nuestros caminos para el viaje que tenemos por delante. Beltane susurra ritos antiguos, palos de mayo alrededor de los cuales bailaban los aldeanos, con sus pasos como un alegre homenaje a la vitalidad de la estación. Esta danza de la dualidad, de la unión de las energías masculina y femenina, significa unidad, fertilidad y la alegría pura y simple de la existencia. Beltane también celebra la unión sagrada del Dios y la Diosa, cuyas energías se funden en una danza cósmica que infunde vitalidad a la tierra.

Así, a medida que mayo despliega sus misterios, nos encontramos entrelazados en una narrativa tan antigua como el tiempo mismo. Desde la silenciosa vigilancia de la Luna Liebre hasta la abundante promesa de Þrimilcemōnaþ, culminando en los apasionados fuegos de Beltane, mayo nos invita a sumergirnos plenamente en el mundo que nos rodea. Nos insta a sentir el pulso de la tierra, a bailar al ritmo de la naturaleza y a reavivar las llamas de la pasión y la inspiración en nuestro interior. En este mes encantador, el universo nos invita a maravillarnos, a celebrar y a vivir de verdad.

Fases de la luna

Al desplegar su velo etéreo, mayo de 2024 trae consigo la majestuosa danza de la Luna a través de los cielos, presentando dos fases fundamentales: la Luna Nueva en Tauro y la Luna Llena en Sagitario. Estos sucesos celestes, entrelazados con la arraigada tradición de la Luna de Liebre, las resonancias de

Þrimilcemōnaþ y el apasionado abrazo de Beltane, crean un mosaico de misterio y significado para aquellos que buscan comprender. La Luna Nueva de mayo, envuelta en el sensual y firme signo de Tauro el día 8, sirve como susurro oculto de los deseos de la Tierra. Tauro, regido por Venus, el planeta del amor y la abundancia, complementa la esencia misma de Þrimilcemōnaþ, una época que simboliza la abundancia desbordante. Al igual que antes se ordeñaba el ganado tres veces al día durante este mes, la energía de Tauro nos anima a aprovechar nuestras reservas innatas de abundancia, nutrición y crecimiento. El manto oscuro de esta Luna Nueva proyecta un momento potente para la introspección y el enraizamiento. Con el telón de fondo de Beltane, celebrado justo una semana antes, la energía de la Luna Nueva en Tauro nos recuerda la sacralidad del reino físico y la belleza de los dones palpables de la naturaleza. Sin embargo, a medida que avanza el mes, la Luna se hincha de luz y alcanza su cenit en el reino expansivo y aventurero de Sagitario el día 23. Esta Luna Llena, que coincide con el esbat wiccano de la Luna Llena, se convierte en un faro luminiscente de iluminación, exploración y verdades personales. Sagitario, el arquero, tensa su arco, apuntando a las estrellas, y nos anima a buscar la sabiduría ancestral y los misterios divinos que encierra el universo. Como la Luna de Liebre encarna la fertilidad y la fuerza vital ilimitada de la primavera, bajo la influencia de Sagitario también nos incita a perseguir nuestras búsquedas espirituales y a buscar respuestas a las preguntas ancestrales que acechan en nuestras almas.

Esta Luna Llena sagitariana, iluminada brillantemente en el corazón de Þrimilcemōnaþ, sirve de estrella guía, animándonos a embarcarnos en búsquedas, ya sean del espíritu, la mente o el corazón. La flecha del arquero, combinada con la rapidez de la liebre, sugiere que el viaje de mayo no sólo consiste en enraizarse y abrazar lo tangible, sino también en alcanzar los vastos y desconocidos horizontes con valentía y curiosidad.

Un Susurro para la Luna Llena Sagitariana: Deja que la fértil promesa de la Luna Llena y la insaciable sed de exploración de Sagitario se fundan en tu interior. En esta noche, tómate un momento al aire libre, báñate en la luz de la luna y susurra una pregunta al cosmos. Confía en que las respuestas, con el tiempo, llegarán hasta ti, llevadas por los vientos de la magia eterna de mayo.

Luna en el jardín

Al inaugurarse el mes bajo la influencia de Acuario el 1 de mayo, invita a sembrar bajo tierra, haciendo hincapié en las plantas de raíz. ¿Esos árboles, arbustos y plantas perennes que has querido introducir? Es un día oportuno. Con la tierra lista para acogerlos, este es un día para cosechar todos los cultivos. Y si crees que tus espacios verdes se han vuelto demasiado salvajes, corta el césped y poda con intención.

Cuando nos encontramos con el día 2, bajo una media luna menguante, el cosmos señala un momento de tregua. Es una fase estéril. El descanso es esencial, tanto para la tierra como para su cuidador. Sin embargo, también es la ocasión perfecta para cosechar y almacenar tus cosechas, fortaleciéndolas para los días venideros.

El 8 de mayo, Tauro nos honra con la presencia de la luna nueva, exactamente a las 03:21 horas. En esta quietud, hay que hacer una pausa, celebrar, meditar y deleitarse con el misterio de la luna. A medida que la noche se hace más profunda y Tauro deja paso a Géminis, las flores se convierten en el himno del jardín. El 9 de mayo, cuando el creciente empieza a manifestar su magia, el jardín llama a la siembra de plantas anuales sobre el suelo. Las hierbas a las que has susurrado deseos, los cereales que prometen abundancia y los pepinos que simbolizan el refresco: ha llegado su hora. Siega el césped para vigorizar el crecimiento y permite que tus plantas florezcan bajo la influencia gemela de Géminis. Pero el crescendo, el punto álgido de la potencia lunar, aún está por llegar. El 23 de mayo, a las 13:52, bajo la mirada de Escorpio, la luna llena se desvela. Es un momento sagrado, no sólo para hacer una pausa, sino para recoger hierbas medicinales, absorbiendo la esencia lunar en sus propias venas.

Los días siguientes, especialmente del 24 al 29, favorecen de nuevo las plantaciones bajo tierra, con la menguante Luna. Sagitario, luego Capricornio y finalmente Acuario ofrecen sus energías, cada una aportando vibraciones únicas a las plantas, el suelo y el propio aire. A medida que el mes cierra su capítulo, la influencia de Piscis emerge el 31 de mayo. Con el creciente menguante reinando en lo alto, vuelve a ser una fase estéril. Tiempo, una vez más, de descansar, de cosechar y almacenar, de alimentar lo que ha sido y soñar con lo que será.

JUNIO DE 2024

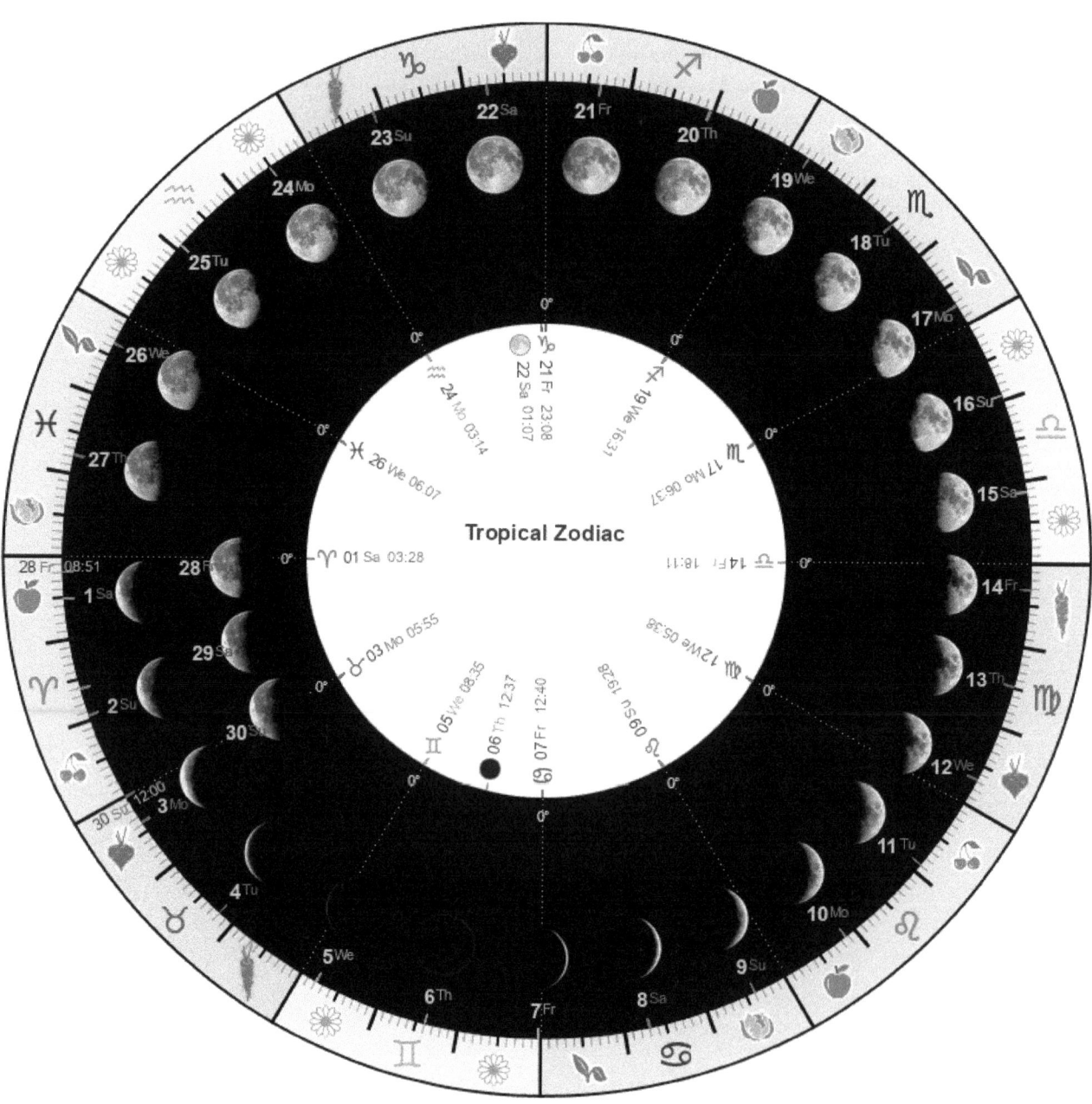

En las crónicas místicas de la rueda del año, junio se erige en centinela de las estaciones, puente entre los primeros susurros de la primavera y el pleno abrazo del verano. Este periodo está cargado de simbolismo, se inspira en tradiciones ancestrales y atrae tanto a curiosos como a devotos.

La Luna de hidromiel, a menudo conocida por los wiccanos como Luna de miel o Luna rosa llena, baña la noche con su luminiscencia plateada en junio. El hidromiel, una bebida elaborada mediante la fermentación de miel, agua y, ocasionalmente, diversas frutas, hierbas, especias y granos, encuentra su nombre entrelazado con esta luna. Históricamente, se cree que esta bebida divina se consumía en abundantes cantidades durante los banquetes nupciales, de ahí que el término "luna de miel" se asociara al mes siguiente a la unión. Esta luna llena es algo más que un cuerpo celeste: es un testimonio del amor, la unidad y el dulce néctar de la vida misma.

En el tapiz del tiempo, junio también trae consigo los ecos de antiguas tradiciones anglosajonas. El término "Ġēolamōnaþ", que puede traducirse como "el mes de Yule", resulta un tanto paradójico, ya que Yule se suele celebrar durante el solsticio de invierno. Pero, como muchos términos antiguos, alude a una comprensión más profunda y cíclica del tiempo, recordándonos que incluso en pleno verano está presente la semilla del invierno. Esta perspectiva nos invita a apreciar el calor y la abundancia mientras nos preparamos interiormente para los meses más fríos e introspectivos que se avecinan.

Luego está "Midsumma", o pleno verano. Para muchos, el término "solsticio de verano" evoca imágenes de hadas de Shakespeare engañando a amantes desprevenidos, pero sus raíces son mucho más profundas. Anteriores incluso al propio Bardo, las celebraciones del solsticio de verano se basan en honrar al sol en su cenit. Es una época de fuego, pasión y energía. Una época en la que los días se alargan lánguidamente y las noches son una sombra fugaz, llena de misterio y magia.

De todas las celebraciones de junio, quizá ninguna sea tan evocadora como Litha, el solsticio de verano. Celebrado el 21 de junio, Litha o Sabbat del Sol Erguido es uno de los días más potentes del calendario wiccano. Es el día más largo del año, una pausa antes de que el sol comience su lento descenso hacia la oscuridad. Este día está impregnado de poderosa energía solar, por lo que es perfecto para aprovechar la fuerza del sol en rituales y hechizos. También es un día de equilibrio: celebra el poder del sol, pero también reconoce el inminente regreso de noches más largas.

Litha es una celebración de la luz en su forma más pura. Es un recordatorio de que, incluso cuando disfrutamos de la abundancia, debemos rendir homenaje a las sombras, al flujo y reflujo de la naturaleza, al equilibrio de la vida. Muchos wiccanos celebran este día con hogueras, que simbolizan el poder del sol, y bailan alrededor de ellas, perdiéndose en los ritmos primigenios de la naturaleza.

Para terminar, mientras el dorado mes de junio se despliega, deja que sus innumerables celebraciones te recuerden la delicada danza de la oscuridad y la luz, de los comienzos y los finales, y de los ciclos eternos que rigen no sólo las estaciones, sino nuestras propias almas. Abraza la magia, honra las tradiciones y deja que las energías de junio te guíen en tu viaje espiritual.

Las fases lunares

Las fases de la luna de este mes -una Luna Nueva en Géminis y una Luna Llena en Capricornio- tienen un significado especial, sobre todo cuando se entrelazan con las sagradas observancias de la Mead Moon, Midsumma y el Sabbat de Litha.

La Luna Nueva en Géminis del 6 de junio emerge del velo de la noche, simbolizando los comienzos, las nuevas perspectivas y la comunicación. Géminis, el signo de los gemelos, encarna la dualidad, reflejando la yuxtaposición de luz y sombra inherente al mes de junio. Mientras los días se llenan de la potente energía del sol, la Luna Nueva nos recuerda el poder de las palabras, los pensamientos y las conexiones, instándonos a comunicar nuestros deseos, sueños e intenciones. Es el momento de dejar que la naturaleza dual de Géminis inspire la introspección, permitiéndonos descubrir y articular el equilibrio entre nuestra sombra y nuestra luz.

A medida que la rueda gira, nos acercamos a la cúspide de la magia de junio con la Luna Llena en Capricornio el día 22. Las lunas llenas siempre han sido un faro para las actividades esotéricas, y en el corazón de junio, se intensifica con la esencia de la Luna Llena. Esta Luna Llena, que tiene lugar en el disciplinado y ambicioso signo de Capricornio, aporta una energía aterrizada, pidiéndonos que anclemos nuestros sueños y deseos, haciéndolos tangibles. El dulce encanto de la Luna de hidromiel susurra historias de amor, unidad y riqueza de la vida. Es una invitación a beber a sorbos del cáliz de la vida, sacando fuerzas de la naturaleza firme de Capricornio mientras nos entregamos a los placeres embriagadores que promete la Luna de Hidromiel.

Midsumma y el Sabbat de Litha, los días 21 y 22 de junio, infunden aún más encanto a este periodo. Significan el sol en su cenit, una culminación de ardiente pasión y energía. Como la Luna Llena en Capricornio sale casi simultáneamente con Litha, la interacción entre el pico ardiente del sol y la culminación de la luna en un signo de tierra es mágica. Esta sincronicidad nos recuerda nuestro propio potencial para equilibrar nuestras pasiones ardientes con acciones fundamentadas, para entrelazar los sueños con la realidad.

Consejo para esta Luna Llena: Abraza las energías de Capricornio durante la Luna Llena. Participa en un ritual de enraizamiento, quizás meditando con un trozo de cuarzo ahumado o caminando descalzo sobre la tierra, permitiendo que sus energías estables se fundan con la dulce embriaguez de la Luna. Esta fusión potenciará tus intenciones, combinando los sueños con la determinación de hacerlos realidad.

Luna en el jardín

uando la media luna menguante reclama los primeros días, el jardín se convierte en un silencioso retablo. El suave vaivén de Piscis en el amanecer del 1 de junio invita a los jardineros a cosechar, podar y, sobre todo, a descansar. La danza mutable entre Piscis y Aries más tarde en el día, transiciona la energía del agua al fuego, dejando un toque de calidez para aquellos que cuidan de sus tierras.

En las noches siguientes, Aries continuará su ardiente abrazo hasta el amanecer del 3 de junio, cuando Tauro, robusto e inquebrantable, tomará el relevo. Ahora dominan los días de raíces, un periodo rico en olor a tierra, un recordatorio de que el suelo que hay debajo nutre y proporciona. El 5 de junio, cuando el Creciente Menguante todavía proyecta su tenue resplandor, Géminis entra después del mediodía, invitando a las flores a escuchar sus historias de los vientos.

Pero el 6 de junio es un día sin igual. Precisamente a las 12:37, la Luna Nueva emerge envuelta en los misterios del cosmos. El jardín se queda en silencio, aprovechando este momento sagrado para meditar, reflexionar y celebrar los nuevos comienzos que susurra Géminis.

Con la aparición del creciente, el 7 de junio se pasa de la reflexión pasiva a la nutrición activa. Las brisas parlanchinas de Géminis dan paso a las mareas nutritivas de Cáncer por la tarde, marcando días ideales para plantar plantas de hoja, cereales y pepinos. Esta nutrición continúa hasta que el regio paso de Leo toma el centro del escenario en la víspera del 9 de junio, rugiendo con intenciones de fomentar el crecimiento.

Sin embargo, los cielos tienen más que revelar. El lienzo celeste del 13 de junio se pinta con la oposición de la Luna a Saturno, lo que lo convierte en un día especial para los aerosoles. La energía terrenal de Virgo se apodera del jardín, aportando su magia terrenal. Para el 14 de junio, el Primer Cuarto ilumina la noche, y Libra se une poco después, entrelazando su armoniosa energía aérea con la Luna creciente.

A mediados de junio, las gibosas crepusculares ejercen su encanto. A medida que la luna se llena, también aumenta el potencial del jardín. Libra se aparta con elegancia para adentrarse en las profundidades de Escorpio el 17 de junio, al que seguirán las aventureras llamas de Sagitario el 19 de junio, marcando los días previos al 22 como óptimos para la siembra.

La madrugada del 22 de junio, a la 01:07, la Luna Llena engalana los cielos con toda su resplandeciente belleza. En el aura llena de raíces de Capricornio, es un momento de celebración, reflexión y, para los que saben, el momento perfecto para recoger hierbas medicinales.

En los días siguientes, la energía arraigada de Capricornio dará forma a las acciones del jardinero, asegurándose de que las plantas de raíz encuentren el lugar que les corresponde en la tierra. El espíritu innovador de Acuario entra el 24 de junio y permanece hasta que el flujo y reflujo emocional de Piscis regresa el 26.

Junio prepara su telón con el regreso de la ardiente determinación de Aries. Pero a medida que el mes se acerca a su fin, Tauro regresa una vez más al mediodía del 30 de junio, susurrando al jardín antiguas historias de fuerza y persistencia.

JULIO DE 2024

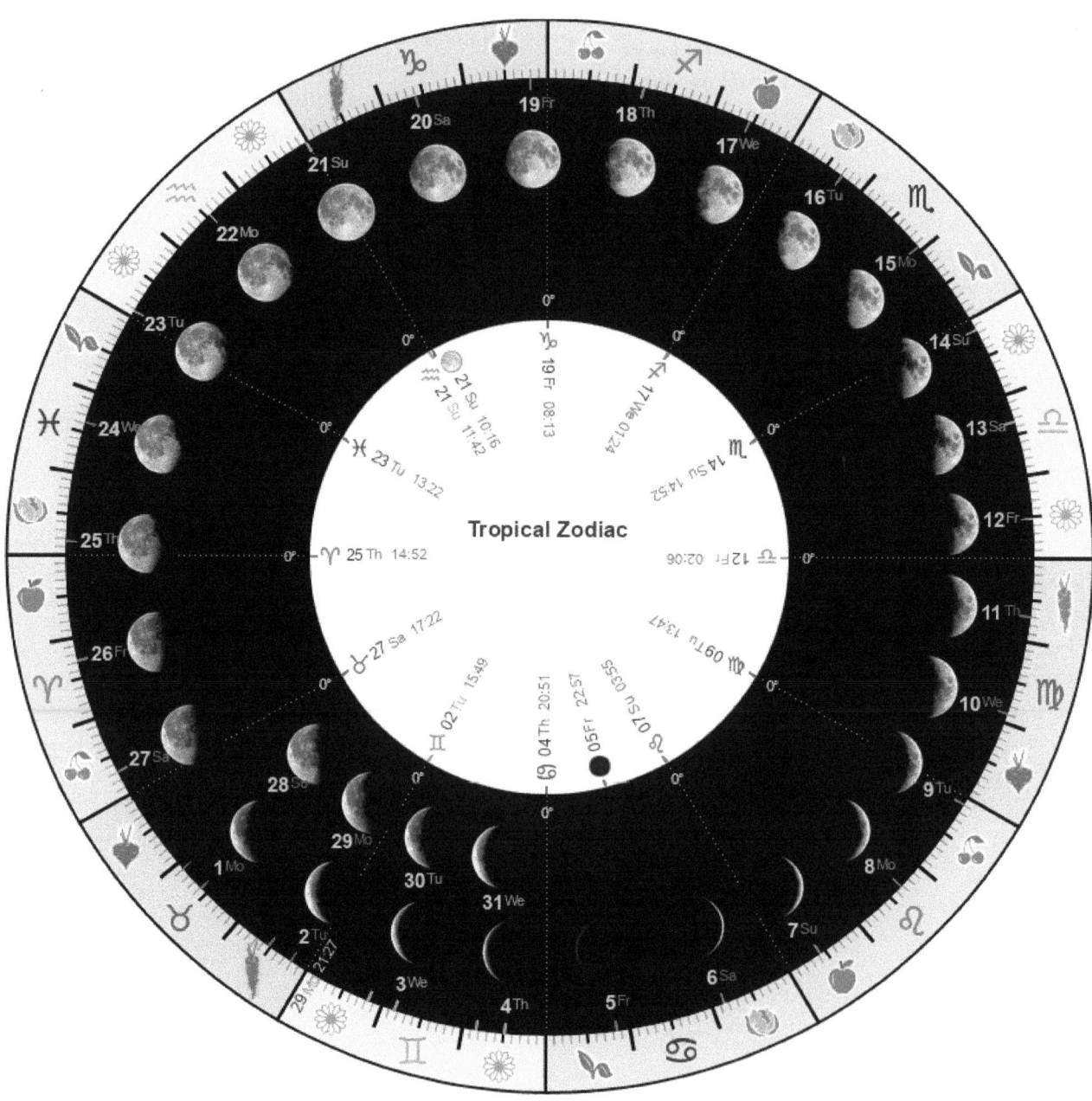

En el corazón del bochornoso verano, el calendario wiccano resplandece con acontecimientos celestiales y tradiciones profundamente arraigadas que desvelan una historia de poder, prosperidad y transformación. El mes de julio es especialmente significativo, ya que encierra las energías de la Luna Llena del Heno, el Primero de Līða y el venerado Sabbat de Lammas.

La Luna Llena del Heno -a veces llamada Luna de la Bendición- ilumina la noche de julio, proyectando un resplandor sobre los campos de heno recién segados, como un suave recordatorio del ciclo continuo de crecimiento y decadencia de la naturaleza. Los wiccanos y quienes están en sintonía con el mundo natural suelen percibir esta luna como un faro de prosperidad. Llega en un momento en que la Madre Tierra está llena hasta el borde de su generosidad, ofreciendo generosamente sus dones a sus hijos. Muchos ven esta fase lunar como una oportunidad para aprovechar sus energías, llevando a cabo rituales que hacen hincapié en la gratitud, la abundancia y la manifestación. Algunos incluso dicen que el suave brillo de esta luz lunar tiene el poder de convertir los sueños en realidades tangibles, una verdadera bendición en la quietud de las noches de verano.

En estrecho abrazo con la Luna Llena del Heno está la Primera de Līða. Līða, un término del inglés antiguo, designa los meses de junio y julio, un periodo que cubre el espacio entre la belleza floreciente de la primavera y el calor radiante del verano. El primer día de Līða marca el comienzo de la época del año en que el Rey Sol está en el cenit de su poder, extendiendo sus rayos dorados por todas partes. Los celebrantes de Līða suelen reunirse con alegría y jolgorio, reconociendo el triunfo de la luz sobre la oscuridad, del calor sobre el frío. El Primero de Līða no es sólo un día, sino una sensación: un torrente de alegría, una oleada de vida, un pulso vibrante que fluye por las venas de la tierra.

A medida que julio se acerca a su fin, la antigua festividad de Lammas o Lughnasadh engalana el horizonte. Tradicionalmente celebrado el 31 de julio, Lammas Sabbat es el momento de festejar la primera cosecha. Llamada así por el dios celta Lugh, la fiesta honra los juegos funerarios del dios y a su madre, Tailtiu, que murió de agotamiento tras limpiar las llanuras de Irlanda para la agricultura. Pero Lammas no es sólo duelo. Es un símbolo de sacrificio y renacimiento, un recordatorio de que la vida es un ciclo. Mientras se cosechan los cereales y se hornea el pan, los wiccanos se toman un momento para honrar los sacrificios que han hecho y las lecciones que han aprendido a lo largo del año, asegurando la prosperidad y el equilibrio en las próximas estaciones.

Entrelazados con estos rituales y celebraciones está la canícula, o los días perros del verano, tradicionalmente marcados por la salida heliacal de la estrella Sirio. Este periodo, que se extiende desde principios de julio hasta mediados de agosto, suele considerarse la fase más calurosa del verano, pues trae consigo un calor lánguido e intenso. Antiguamente, se creía que la canícula era un periodo de estancamiento y peligro potencial, ya que el calor abrasador provocaba sequías y enfermedades. Pero con el peligro viene la oportunidad. La energía de la canícula incita a la autorreflexión y anima a las personas a encontrar sus reservas interiores de fuerza, resistencia y gracia.

En el apasionado abrazo de julio, la naturaleza y la magia se funden a la perfección, llevando a los wiccanos y a los buscadores espirituales a un viaje transformador. La luminiscencia de la Luna Llena del Heno, las conmovedoras festividades de Līða, la profunda introspección de Lammas y la ardiente energía de Canicole sirven de trampolín para guiar a las almas hacia una comprensión más profunda de la vida, la naturaleza y los misterios del universo.

Fases de la luna

En medio del espeso tapiz del verano, el mes de julio de 2024 teje una historia hechizante con sus fases lunares, entrelazando delicadamente las energías de Cáncer y Capricornio. Bajo el cielo protector, la narración se desarrolla en el abrazo de la Luna de Heno, guiada por las tradiciones de Lammas y bañada por el calor ardiente de la canícula.

A medida que emerge julio, la noche revela una Luna Nueva en Cáncer el día 5. Cáncer, un signo regido por la Luna, resuena profundamente con las emociones, la intuición y los aspectos nutritivos de la vida. Esta Luna Nueva actúa como una suave caricia para nuestras almas, instándonos a volvernos hacia el interior, hacia el santuario de nuestros corazones. En la quietud de esta fase lunar, las emociones fluyen y refluyen como las mareas, haciéndose eco del tema de la Luna Heno: un momento para reconocer y agradecer las bondades de la naturaleza y nuestros propios paisajes internos. Mientras nos encontramos en la cúspide de la canícula, la Luna Nueva en Cáncer ofrece un abrazo protector, un santuario del abrasador abrazo del mundo exterior, nutriendo nuestros espíritus y preparándolos para las transformaciones que se avecinan.

Sin embargo, el corazón de julio tiene una historia diferente que contar. A medida que el mes madura, la Luna Llena en Capricornio se eleva el 21 de julio. Erguida sobre el vasto lienzo de la noche, esta Luna Llena encarna la esencia del terrenal y decidido Capricornio. La energía pragmática de Capricornio se yuxtapone al encanto etéreo de la Luna Heno, anclando nuestros sueños, deseos y aspiraciones en la realidad. Esta Luna Llena susurra historias de resistencia, ambición y las recompensas que vienen de la perseverancia. A medida que aumenta la intensidad del canícula, esta Luna Llena de Capricornio nos empuja a canalizar nuestra fuerza interior, a mantenernos firmes en medio de los desafíos y a labrar nuestro camino con una determinación inquebrantable. Es durante esta luna cuando el esbat de la Luna de Heno encuentra su máxima expresión, iluminando el camino para los wiccanos y los buscadores, mientras se reúnen para honrar los misterios de la vida, la naturaleza y la magia.

Y cuando se acerca el final de julio, el día 31 llega el sagrado Sabbat de Lammas. Celebración de la primera cosecha, sirve como recordatorio del delicado equilibrio entre sacrificio y abundancia. Mientras se cosecha el grano y se hornea el pan, se repiten las lecciones de la Luna Llena de principios de mes: el trabajo duro, la determinación y la capacidad de superar los retos conducen a la prosperidad. Con el ardiente abrazo de la canícula rodeando la tierra, Lammas se erige como un faro que nos insta a encontrar la gratitud y a reconocer la belleza incluso en los momentos de intensidad y fervor.

Consejo para esta Luna Llena: Deja que la energía firme de Capricornio guíe tus rituales. Mientras disfrutas del resplandor de la Luna Heno, planta semillas de intención para objetivos prácticos y tangibles. Aprovecha las vibraciones terrosas para cimentar tus aspiraciones y, a medida que el calor del canícula se intensifique, deja que alimente el fuego de tus ambiciones, convirtiendo los sueños en realidades palpables. Recuerda, en medio del calor y la bruma, tu fuerza y resistencia son las estrellas que te guían.

Luna en el jardín

Al amanecer del mes, cuando la luna creciente se desvanece, Tauro gobierna los cielos. En este tiempo estéril, el jardín implora al jardinero que descanse. Sin embargo, en esta quietud, aguarda una plétora de tareas. Con la robusta energía de Tauro bajo los pies, las cosechas deben almacenarse, la tierra hambrienta espera alimento y las malas hierbas, esos molestos invasores, encuentran su fin. En la transición de Tauro a Géminis el día 2, las delicadas flores se deleitan con la atención.

El día 4, con el suave beso de la luna creciente aún adornando el cielo, el espíritu nutricio de Cáncer susurra a las hojas. El ritmo cambia, señalando un tiempo de reflexión, meditación y celebración con la llegada de la Luna Nueva el día 5. Los días de hojas bajo Cáncer, ricos en potencia lunar, prometen una época de prosperidad para las plantas de hoja, los cereales, las hierbas y los vivaces pepinos.

A medida que los días se alargan y la media luna crece, el jardín bulle de actividad. La energía ardiente de Leo, a partir del día 7, impulsa las plantas frutales y su vitalidad resuena. Cuando Virgo toma el timón el día 9, las raíces atraen la mirada del jardinero hacia abajo. Y el 11, cuando la Luna se opone a Saturno, el aura del jardín cambia. Se necesitan medidas de protección; la fumigación se vuelve vital para proteger el jardín de las tensiones cósmicas.

La mano equilibrada de Libra guía al jardinero a mediados de mes, abogando por las plantas de hoja y los cereales, acentuados por la energía del Primer Cuarto de Luna el día 13. Este equilibrio es rápidamente retomado por la profunda atracción transformadora de Escorpio, que impulsa la atención hacia las plantas frutales y las flores.

Pero es el día 19, cuando Sagitario se arquea en el cielo, el que guarda un secreto. A dos días de la Luna Llena, este día está dotado de una energía óptima, lo que lo convierte en un día codiciado para la siembra.

Y entonces, cuando la Luna Llena bañe el mundo de plata el día 21, la resonancia terrenal de Capricornio nos atraerá. Es un momento de quietud, aunque la actividad zumba por debajo. Las hierbas y plantas medicinales, bañadas por el resplandor lunar, aumentan su potencia cuando se recogen.

Los días siguientes son para las raíces. Acuario y Piscis supervisan la llamada de la Luna menguante a cuidar las plantas subterráneas, mientras que el espíritu ardiente de Aries hacia finales de mes vuelve a centrar la atención en las plantas de raíz.

Finalmente, cuando julio se prepara para despedirse, el Último Trimestre bajo Tauro, el día 28, cierra el círculo. Comienza una lenta retirada que conduce de nuevo a la fase estéril. Géminis, una vez más, anuncia la llamada del cuarto menguante a descansar y rejuvenecer.

AGOSTO DE 2024

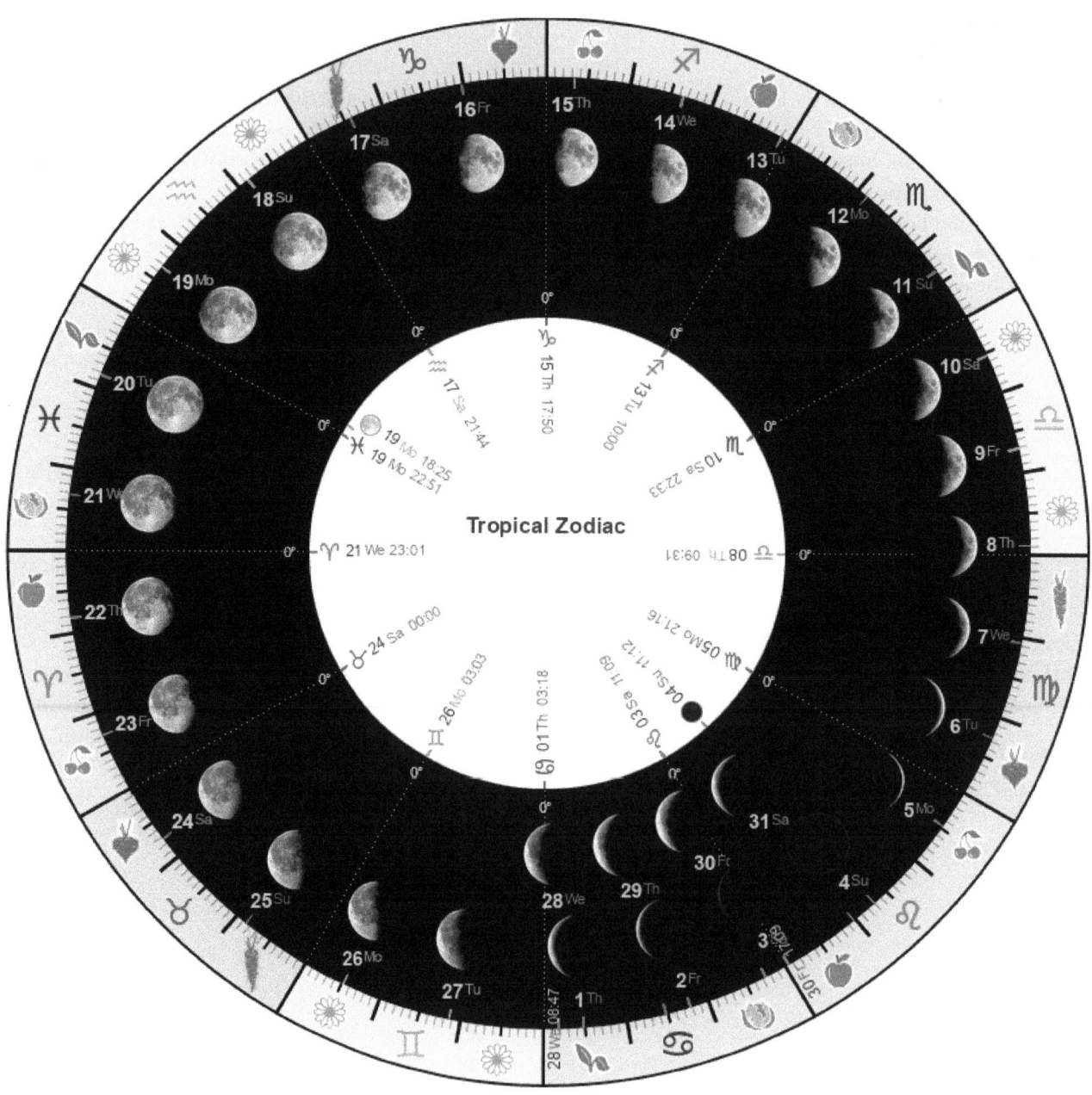

En la danza cambiante de los cielos, hay un momento en agosto que siempre ha cautivado los corazones de los que caminan por la senda wiccana. Cuando los días del verano comienzan a insinuar la llegada del otoño, la Luna Llena de este mes, conocida como la "Luna del Maíz", asciende por el cielo nocturno, proyectando un resplandor dorado que recuerda a los maizales maduros listos para la cosecha.

No son sólo las vibrantes tonalidades de la luna lo que capta la imaginación, sino la esencia más profunda que significa. La Luna de Maíz simboliza la culminación del trabajo duro, la paciencia y el crecimiento. En las enseñanzas wiccanas, esta luna es un tierno recordatorio de los frutos de nuestro trabajo. Las semillas sembradas una vez, tanto literalmente en los campos como metafóricamente en nuestras vidas, alcanzan ahora su cenit. Las energías que se pusieron en marcha a principios de año se manifiestan ahora con abundancia y claridad.

En paralelo al rico simbolismo de la Luna de Maíz, la segunda fase de la Līða adorna el pleno verano. Arraigada en antiguas tradiciones, la Līða marca el punto medio entre el solsticio de verano y el equinoccio de otoño. Es un periodo en el que la intensa energía del sol se funde a la perfección con la firme atracción de la próxima luna de la cosecha. Es un momento de equilibrio y reflexión, de reconocimiento de las fuerzas duales de la naturaleza y de nosotros mismos.

La mezcla de la Luna de Maíz y la segunda Līða crea un poderoso nexo espiritual. Es un momento en el que el mundo natural y el etéreo se encuentran en un tango íntimo, guiándonos en la búsqueda del equilibrio entre la acción y la reflexión, el crecimiento y el descanso, la luz y la oscuridad. Nos invita a pararnos en medio de los maizales de nuestra vida, a ver los granos dorados y las sombras que proyectan, a comprender la importancia de ambos y a abrazarlos con gratitud.

En los susurros confidenciales de la Luna de Maíz y la profunda sabiduría de la Līða, se encuentra un mensaje de esperanza y transformación. A medida que la noche de agosto se hace más profunda y la luz de la luna baña el mundo con su resplandor etéreo, es una llamada para que hagamos una pausa, escuchemos y comprendamos que dentro de cada final yace la promesa de un nuevo comienzo. Este ciclo de la vida, de las estaciones y de uno mismo es la danza de la que todos formamos parte, interconectados para siempre en la vasta red de la existencia.

Fases de la luna

A medida que amanece el mes, la Luna Nueva emerge en el orgulloso y ardiente signo de Leo el 4 de agosto. Leo, símbolo del coraje, la pasión y la creatividad, acuna a la Luna en su abrazo, infundiendo a la noche oscura una energía latente a la espera de nacer. Esta Luna Nueva, bajo la influencia de Leo, susurra secretos para encender los deseos y pasiones más íntimos. La oscuridad no está vacía, sino llena de potencialidades, recordándonos las semillas que hay bajo la tierra justo antes de brotar. Las sombras proyectadas por esta fase lunar se entrelazan a la perfección con el ethos de la Luna de Maíz wiccana, ya que ambos significan comienzos: la germinación del maíz y las pasiones en ciernes del fuego de Leo.

Cuando se acerca la mitad de agosto, la luna se hincha de luz e ilumina el cielo nocturno en el innovador y rebelde signo de Acuario el día 19. Esta Luna Llena, también reconocida como la Luna de Maíz en las tradiciones wiccanas, significa abundancia, culminación y gratitud. Acuario, por otra parte, es un signo que nos insta a romper límites, a soñar de forma diferente y a reunirnos colectivamente. Habla de nuestros ideales más elevados y de nuestro anhelo de hacer realidad esos sueños. Cuando se combina con la esencia de la Luna de Maíz, nos impulsa no sólo a cosechar nuestras recompensas físicas, sino también a recoger las recompensas intelectuales y espirituales que provienen de la reflexión profunda y las perspectivas únicas.

Ahora, el tapiz se vuelve aún más intrigante, ya que este mes de agosto se acerca a la rareza de una luna azul, definida como la tercera de cuatro lunas llenas en una misma estación entre solsticios y equinoccios. Al estar al borde de tal acontecimiento, la energía se intensifica palpablemente. Históricamente, las lunas azules se han considerado momentos de profunda magia y misterio, en los que el velo entre los reinos se hace más fino. Fusionado con el mensaje de gratitud de la Luna de Maíz y la llamada a soñar de Acuario, este periodo es casi un desafío cósmico, que nos insta a abrazar tanto lo conocido como lo desconocido con igual fervor.

Consejo sobre la luna: En la noche de esta Luna de Maíz, busca un espacio tranquilo bajo el cielo iluminado por la luna. Cierra los ojos, y con cada inhalación, atrae las energías innovadoras de Acuario, y con cada exhalación, libera tu gratitud al universo, reconociendo la abundancia en tu vida. Deja que las energías duales de la culminación y el pensamiento de futuro guíen tus meditaciones, ayudándote a cosechar el pasado y a sembrar semillas para el futuro.

Luna en el jardín

l entrar el mes, la luna creciente menguante proyecta sombras sobre el jardín. Hasta el día 3, las flores se deleitaban bajo la animada influencia de Géminis. Pero con el cambio de la luna a Cáncer, los frondosos verdes sintieron el tirón, despertando su vitalidad. En estos días, no era momento de sembrar de nuevo, sino de apreciar lo que había, cosechar y almacenar, y cuidar el jardín enriqueciendo su suelo y podando con esmero.

Sin embargo, el día 4, un profundo silencio cubrió el jardín. La Luna Nueva en Leo marcó un momento para respirar, dar un paso atrás, descansar, celebrar y reflexionar. Cuando la noche se rindió al día 5, la Luna creciente hizo señas. Leo, con su ardiente pasión, persistió hasta que Virgo, el meticuloso cuidador, tomó las riendas a partir de la noche del día 5. Esta era una fase prometedora para sembrar plantas anuales, cereales y hierbas aromáticas sobre el suelo, infundiendo crecimiento en todos los rincones de nuestro refugio terrenal.

En medio del reinado de Virgo, el día 7, destacó la oposición de la Luna a Saturno, lo que sugiere que era un momento impecable para pulverizar, equilibrando las energías cósmicas y los elementos terrenales.

Libra hizo su entrada el día 8, seduciendo a las flores para que florecieran. Pero, como siempre, había que mantener el equilibrio de la naturaleza. El día 10, Escorpio, el signo de la profundidad y la transformación, se sumergió en el dominio de las hojas, asegurándose de que cada una de ellas se empapara de la mística de la luz de la luna.

El Primer Trimestre del día 12 insinuó transformaciones más profundas. A medida que transcurrían los días, Sagitario, el arquero, dirigió su atención hacia las plantas frutales, otorgándoles un entusiasmo inigualable.

A mediados de mes, la energía arraigada de Capricornio se afianzó, enfatizando las raíces profundas y terrosas. Esta energía culminó en la radiante Luna Llena en Acuario del día 19, una noche de introspección y un guiño celestial para celebrar y meditar. Quienes se aventuraron en el jardín pudieron sentir la silenciosa vitalidad de las hierbas medicinales, dispuestas a compartir sus secretos.

Los días siguientes estuvieron bañados por el resplandor de la luna gibosa menguante. Piscis se apoderó soñadoramente del reino de las hojas, y pronto, la feroz energía de Aries pasó a los frutos, y luego Tauro se ancló en las raíces, asegurando que el ciclo de crecimiento y retroceso continuara.

Cuando el Último Trimestre anunció su presencia el día 26, Géminis regresó una vez más, agraciando las flores con su encanto mercurial, sólo para que Cáncer reclamara el reino de la hoja hacia el final del mes.

SEPTIEMBRE DE 2024

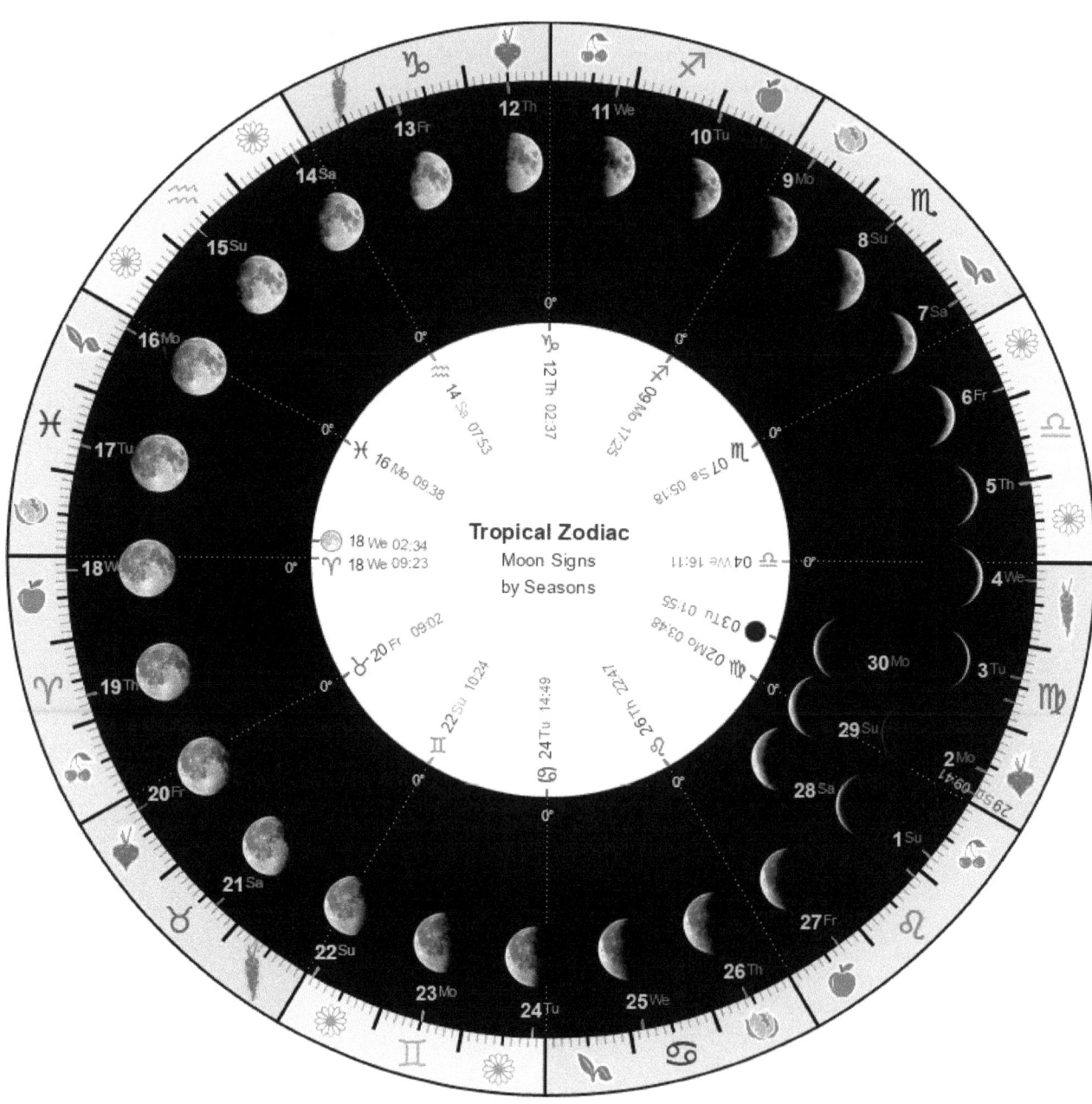

En pleno mes de septiembre, cuando la Tierra comienza a alejarse del calor del sol, los antiguos ritmos de la vida resuenan suavemente, susurrando historias de viejas tradiciones y prácticas místicas. Septiembre no es sólo un mes; es una transición, un puente entre la danza ardiente del verano y el abrazo introspectivo del invierno.

Imagínate bajo la iluminación plateada de la Luna de la Cosecha, su presencia luminosa tan integrada en la tradición wiccana. En septiembre, esta luna no es sólo un cuerpo celeste; se convierte en un símbolo espiritual. Conocida como la Luna de la Cosecha, su resplandor ilumina los campos, permitiendo a los agricultores continuar su trabajo hasta la noche, recogiendo lo que ha crecido y madurado bajo el sol del verano. Es la luna de la gratitud, pues brilla sobre los frutos de nuestro trabajo y nuestros logros. Su luz nos recuerda que, aunque el mundo se oscurezca, hay bendiciones que encontrar, lecciones que aprender y una abundancia que compartir.

Sin embargo, el propio nombre de este mes esconde secretos. En el antiguo calendario anglosajón, septiembre era conocido como Wēodmōnaþ, o el "Mes de la Hierba". Pero no te dejes confundir por las connotaciones modernas del término "hierba". Para nuestros antepasados, Wēodmōnaþ era una época de profundo reconocimiento de los ciclos del mundo natural. Mientras las plantas mueren, dejando paso a las nuevas en la próxima primavera, las malas hierbas siguen resistiendo. Hablan de la tenacidad de la vida, de la resistencia de la naturaleza y de su asombrosa capacidad para prosperar incluso cuando las probabilidades parecen estar en su contra. Este ha sido un mes de respeto por lo que persiste frente a todos los desafíos, por las malas hierbas que, aunque a menudo se pasan por alto, desempeñan un papel esencial en el gran tapiz del ecosistema.

Y a medida que el mes despliega sus secretos, trae consigo Mabon, el segundo de los tres Sabbats de cosecha de la Rueda del Año. Si la Luna de la Cosecha es un emblema de gratitud, Mabon es el acto de dar las gracias. Es el rito pagano de Acción de Gracias, que celebra el equilibrio entre la luz y la oscuridad, cuando el día y la noche vuelven a ser iguales. Mabon es un tiempo sagrado de reflexión, un momento para honrar a las deidades que envejecen y al espíritu del sol moribundo. A medida que las hojas se tiñen de ámbar y el aire se vuelve fresco, es un periodo para reconocer nuestras propias vulnerabilidades, nuestros éxitos y la impermanencia de la existencia. Es la danza del equilibrio, de la comprensión de que, en el gran ciclo de la vida, los finales son sólo precursores de nuevos comienzos.

Septiembre es algo más que el paso del tiempo. Es un viaje espiritual, un mes de transformación y un testimonio de los misterios perdurables del universo. En la luz resplandeciente de la Luna de la Cosecha, entre el espíritu resistente de las malas hierbas y las profundas reflexiones de Mabon, encontramos no sólo los ritmos de la Tierra, sino el pulso mismo de la existencia. Así que, mientras caminas a lo largo de este mes, deja que tu espíritu se guíe por estos antiguos susurros, y que encuentres equilibrio, gratitud e inspiración a cada paso.

Fases de la luna

Los oscuros secretos del cosmos proyectan su enigmático resplandor a medida que septiembre despliega su tapiz de historias iluminadas por la luna. Comienza bajo el dosel de la Luna Nueva en Virgo, susurrando su historia a la 01:55 del día 3. Virgo, un signo de tierra de precisión, servicio y detalles, se funde con el silencio de la Luna Nueva, invocando la introspección y una meticulosa mirada interior. A medida que la noche envuelve el mundo en la oscuridad, uno puede percibir las vibraciones de la Tierra, sintiendo las agitaciones de Wēodmōnaþ o el "Mes de la Hierba". No es un mes para los grandes gestos, sino para las sutiles complejidades, para lo que se pasa por alto y para los persistentes susurros de la naturaleza.

Pero, como un péndulo, el universo oscila entre los intrincados detalles de Virgo y las vastas profundidades emocionales de Piscis. A las 02:34 del 18 de septiembre, la Luna Llena se desvela en las oníricas aguas de Piscis, y su resplandor se ve magnificado por un Eclipse Lunar. Esta no es una Luna Llena cualquiera: encarna la esencia de la Luna de Cosecha Wicca Esbat, iluminando nuestros logros y arrojando un brillo plateado sobre las recompensas de nuestra vida. La energía pisciana entrelazada con esta luna sugiere una inmersión en los mares profundos de la intuición, la compasión y las conexiones espirituales.

La Luna Llena en Piscis a menudo evoca una mayor sensibilidad a los reinos etéreos, facilitando el acceso a los sueños, la sabiduría ancestral y la guía de otro mundo. Con la intensidad añadida de un Eclipse Lunar, es como si un velo se levantara momentáneamente, revelando profundas percepciones y verdades oscurecidas. Esta combinación -una Luna Llena pisciana, magnificada por un eclipse y situada en el contexto wiccano de la Luna de la Cosecha- amplifica las energías naturales de la gratitud, la introspección y la exploración espiritual.

Y a medida que se acerca Mabon, el equinoccio del 21 de septiembre, el equilibrio del día y la noche refleja el equilibrio de esta luna entre introspección y manifestación. Mabon, una celebración de la segunda cosecha, está profundamente entrelazada con los conceptos de equilibrio, gratitud y reflexión. Con las energías de la luna agitando ya la olla cósmica, la esencia de Mabon sirve como recordatorio de que la danza de la naturaleza consiste en reconocer tanto la luz como la sombra dentro de nosotros y a nuestro alrededor.

Consejo para esta Luna Llena: Sumérgete en tus aguas emocionales, pero mantén cerca la mirada perspicaz de Virgo. Permite que la intuición pisciana te guíe, pero fundamenta tus percepciones con el sentido práctico de Virgo. Enciende una vela plateada bajo esta luna y, mientras disfrutas de su resplandor, agradece las lecciones aprendidas y prepara tu espíritu para el renacimiento que inevitablemente sigue a cada final.

Luna en el jardín

Al comenzar el abrazo de septiembre, la luna creciente menguante vela el jardín en un silencio sereno los días 1 y 2. En Leo, los días frutales, este periodo ofrece una invitación al descanso y a evitar la siembra de semillas. El terreno se prepara a medida que se cosechan y almacenan los cultivos, se destruyen las malas hierbas y se siega el césped para reducir su crecimiento. Pero al amanecer del día 3, la Luna está en oposición a Saturno, lo que lo convierte en un día especial para la fumigación. La llegada de la Luna Nueva a Virgo, un signo raíz, marca un tiempo de descanso, celebración y meditación profunda.

La luna creciente ilumina del 4 al 10 de mayo. El jardín se llena de un propósito renovado, ya que se siembran y cuidan las plantas anuales sobre el suelo, especialmente las de hoja. Los signos oscilan entre las raíces de Virgo, las flores de Libra y las hojas de Escorpio. El césped se siega con cuidado para estimular el crecimiento, mientras que los injertos y las podas tratan de ampliar el alcance de la naturaleza.

Del 11 al 17, el brillo de la luna se intensifica, pasando de cuarto creciente a gibosa creciente. Las plantas anuales sobre el suelo dominan la narrativa del jardín, con especial atención a las plantas frutales, los cereales y las flores. La luna viaja a través de los frutos de Sagitario y hacia las hojas de Piscis, marcando dos días óptimos para plantar antes del resplandor radiante de la Luna Llena el día 18. La Luna Llena pisciana trae una pausa al ajetreo, un momento para descansar, celebrar y recoger hierbas medicinales. A medida que la Luna cambia a Aries, un toque de fuego entra en la narrativa, haciendo la transición a los días de la Luna Menguante.

Del 19 al 24, la atención se centra en la plantación de plantas subterráneas, especialmente las de raíz. Árboles, arbustos y plantas perennes encuentran su lugar en este capítulo del jardín, cada uno profundamente enraizado en la tierra. La danza del zodiaco lleva a la Luna desde los frutos ardientes de Aries hasta las raíces estables de Tauro, pasando por las flores aéreas de Géminis y, finalmente, descansando en las hojas nutritivas de Cáncer en el Último Trimestre.

Con el ocaso de septiembre, la luna creciente menguante del 25 al 30 anuncia otra fase estéril. El mundo del jardín ralentiza su ritmo; hay poca siembra de semillas. En cambio, el mes concluye con cosechas, almacenamiento y cuidados del paisaje. En este tramo, la Luna viaja de las hojas de Cáncer a los frutos de Leo y termina, como corresponde, en las raíces de Virgo, completando el círculo.

OCTUBRE DE 2024

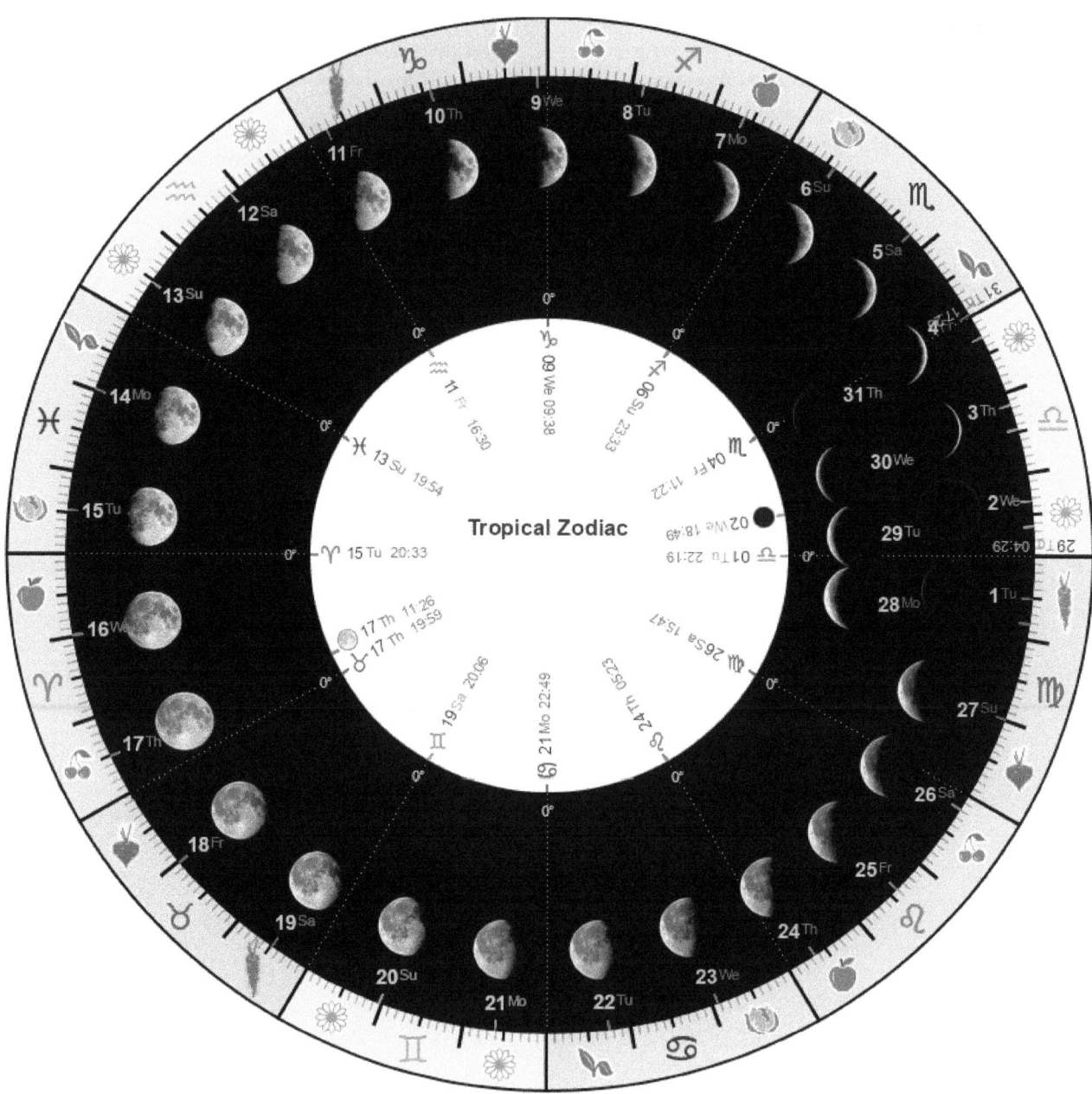

En el aterciopelado abrazo de octubre, cuando el mundo se viste con un manto de niebla y los árboles, desnudos e inquietantes, se erigen en centinelas del paso del tiempo, antiguos secretos cobran vida. La Luna de sangre wiccana, Hāligmōnaþ -el Mes Sagrado- y el Sabbat de Samhain convergen, invitándonos a entrar en el corazón mismo de los misterios sagrados.

La Luna de Sangre de octubre, a veces conocida como la Luna del Cazador, pinta el cielo nocturno con un tono profundo y conmovedor, recordándonos el profundo vínculo entre la vida y la muerte, el sacrificio y el renacimiento. Esta no es una luna cualquiera; late con una energía ancestral, una reserva de sabiduría antigua y tradición wiccana. Estar bajo su resplandor es recordar nuestros lazos con la gran danza cósmica, sentir el latido del corazón de la propia Madre Tierra.

Hāligmōnaþ, el Mes Sagrado, acuna el espíritu de reverencia. Nombrado así por nuestros antepasados, es una época en la que lo mundano deja paso a lo divino, y cada susurro del viento o crujido de hojas secas es un himno, cada momento una oportunidad para la reflexión. Se dice que durante este mes, el velo entre nuestro mundo y el reino etéreo es más delgado, lo que permite que las energías, los espíritus y los recuerdos fluyan libremente. El aire, fresco y puro, lleva consigo el peso de algo antiguo, de algo sacrosanto.

Y entonces, cuando el mes alcanza su cenit, nos encontramos con el Sabbat de Samhain, la víspera de todos los misterios. A menudo sinónimo del Halloween moderno, el Samhain va mucho más allá de las máscaras y los cuentos de demonios. Marca el final del año wiccano, un momento en el que nos encontramos en el umbral de lo viejo y lo nuevo. Con la sombra del invierno a las puertas, la vida retrocede, retirando sus vibrantes energías y enseñándonos el valor de la introspección, la liberación y la renovación.

Samhain es la fiesta más venerada del calendario pagano. En ella honramos a quienes nos precedieron, a los antepasados cuyos susurros oímos cuando el mundo calla. Se encienden hogueras, no sólo para protegernos del frío, sino para que sirvan de faro a los espíritus que atraviesan la noche. Es una comunión entre los vivos y los difuntos, una celebración del ciclo eterno de la vida, la muerte y el renacimiento.

Sin embargo, es más que una mera tradición o ritual. Es una experiencia, un despertar profundo y conmovedor. Sentados junto al fuego de Samhain, observando el baile de las llamas y escuchando historias de antaño, nos transportamos a una época en la que la magia estaba en cada aliento y cada latido resonaba con los misterios del universo.

La Luna de sangre wiccana, la santidad de Hāligmōnaþ y las profundidades de Samhain forman una trinidad de experiencias en octubre. Juntas, nos instan a hacer una pausa, a sentir, a recordar y a soñar. Nos recuerdan que, aunque el mundo avance a toda velocidad, hay momentos, sagrados y atemporales, en los que tocamos la esencia misma de la existencia.

Así que, mientras octubre despliega su tapiz de misticismo, deja que tu espíritu vague, que tu corazón se abra y que tu alma se deje tocar por los antiguos ecos del tiempo. Porque en este mes, la magia no es sólo algo de lo que hablamos; es algo que vivimos.

Fases de la luna

En el corazón de octubre de 2024, una danza de cuerpos celestes se despliega, pintando una historia sobre el lienzo nocturno que es a la vez antigua y siempre nueva. Esta historia se entrelaza con los ritmos de la luna de sangre Esbat, la reverencia de Hāligmōnaþ y las profundidades transformadoras de Samhain, creando un tapiz cósmico de misterio y magia.

En las primeras noches del mes, el cielo se engalana con el Eclipse Solar y la Luna Nueva en Libra. Libra, el signo del equilibrio, la armonía y la asociación, comienza su historia a la sombra de un eclipse, un acontecimiento cósmico que significa profundos cambios y revelaciones. En la oscuridad envolvente de esta Luna Nueva, el equilibrio que Libra busca no es sólo externo, sino profundamente interno, un equilibrio del alma que resuena con la tranquila introspección que pide Hāligmōnaþ. Es como si el universo estuviera susurrando secretos de antaño, instándonos a encontrar la armonía interior, a honrar la relación sagrada que tenemos con nosotros mismos y con las energías que danzan a nuestro alrededor.

A mediados de mes, cuando la rueda gira y el mundo se sumerge en el abrazo cada vez más profundo de Hāligmōnaþ, surge la Luna Llena en Aries. El ardiente Aries, signo de la iniciación, la pasión y la autoexpresión, contrasta con las energías reflexivas de octubre, encendiendo una llama en el corazón de la oscuridad. Esta Luna Llena es un eco del esbat de la Luna de Sangre, una celebración wiccana de la naturaleza cíclica de la vida, de la muerte y el renacimiento. El espíritu ardiente de Aries bajo la Luna de Sangre de octubre es un testimonio de la resistencia de la vida, un recordatorio de que, incluso ante el inminente invierno y los misterios de la muerte que se celebran en Samhain, hay una fuerza, un fuego, que permanece inalterable. Esta yuxtaposición ilumina la dicotomía de la existencia: mientras el mundo se prepara para despedirse durante Samhain, la energía de Aries nos recuerda la llama eterna de la vida y el espíritu.

Ahora, dentro de este contexto, la Luna de Sangre Esbat se convierte no sólo en la celebración de un acontecimiento lunar singular, sino en la culminación de energías cósmicas. Celebra la eterna danza de la luz y la sombra, el espíritu inquebrantable de Aries en medio de las energías introspectivas de octubre, y la armonía que busca Libra incluso en tiempos de cambio transformador.

Y a medida que se acerca el abrazo de Samhain, con su magia que descorre velos y su comunión ancestral, estas lunas de octubre sirven como luces de guía, arrojando su resplandor sobre nuestros viajes interiores y ayudando a nuestra conexión con reinos más allá de nuestra percepción.

Cuando salga la Luna Llena en Aries, considera la posibilidad de encender una vela carmesí -un guiño a la Luna de Sangre- para honrar tu propio espíritu indomable. Deja que su llama te recuerde que, incluso en el corazón de los misterios de octubre, tu fuego interior, tu pasión y tu esencia siguen siendo vibrantes y eternos.

La luna en el jardín

El 1 de octubre, cuando la luna mengua hasta convertirse en cuarto creciente, trae consigo una sensación de quietud que empuja a los jardines a una fase de esterilidad. La influencia de Virgo toca el suelo, enfatizando las raíces, llamando a los jardineros a cosechar, almacenar y trasplantar la vida bajo la tierra. A medida que la naturaleza analítica de Virgo se desvanece al anochecer, Libra, el equilibrador armonioso, llama, introduciendo un elemento floral, un florecimiento momentáneo de color, una celebración incluso en la quietud.

Al día siguiente, en el manto vespertino, la Luna Nueva en Libra significa una pausa. Un momento para descansar, celebrar y meditar. Para simplemente ser y absorber la belleza que ofrece el jardín.

Del día 3 al 5, mientras la luna luce su cuarto creciente, continúa el encanto floral de Libra. Se invita a sembrar y cultivar plantas anuales de hoja, cereales, hierbas y los crujientes pepinos. El jardín bulle de actividad: cortar el césped para espolear el crecimiento, injertar y podar para envalentonar la vitalidad. Luego, el abrazo acuoso de Escorpio toma el relevo, intensificando el poder de las hojas.

Bajo la apasionada mirada de Escorpio, los días 6 a 9 son una continuación de esta danza, que potencia el crecimiento y enciende el potencial del jardín. Pero, cuando Sagitario entra en la noche del 6, se produce un cambio. De las hojas a los frutos, la narrativa del jardín evoluciona. Los días hasta el 10 están impregnados del fuego del arquero, empujando el ritmo del jardín hacia un crescendo.

La forma de la Luna se afila en su Primer Cuarto el día 10, todavía bajo la influencia terrestre de Capricornio. La energía de la raíz domina, pero no por mucho tiempo. El día 11, el aireado Acuario coquetea con el jardín, inclinando las energías hacia las flores hasta el día 13. Piscis se sumerge a partir de entonces, fluido y soñador. Piscis nada a partir de entonces, fluido y soñador, tejiendo magia con las hojas hasta el día 15.

Aries, el carnero de fuego, sale el día 16. Este periodo se convierte en un momento óptimo para plantar, sobre todo cuando amanece la Luna Llena el día 17. Como la influencia de Aries persiste hasta el anochecer, cede el paso a Tauro, signo sinónimo de tierra y raíces. Es un recordatorio: cosecha, abona, poda y prepara.

Los gemelos Géminis juegan en el jardín a partir de la noche del 19, sus energías duales amplifican la esencia de las flores. A medida que el brillo de la luna empieza a disminuir, Cáncer, el nutriente, llega el 21, abogando por las raíces y las hojas hasta el 24.

En el último trimestre del mes, el ardiente Leo toma el mando hasta el 26 por la tarde, tras lo cual vuelve Virgo. El jardín vuelve a entrar en su fase estéril, un periodo de introspección y preparación. El día 27 es significativo, con la Luna en oposición a Saturno, un momento ideal para la fumigación.

Libra adorna los últimos días de octubre, desde las primeras horas del 29 hasta el 31 a última hora. Es un suave final, un abrazo floral antes de que Escorpio vuelva a tomar las riendas, señalando el final de este capítulo.

NOVIEMBRE DE 2024

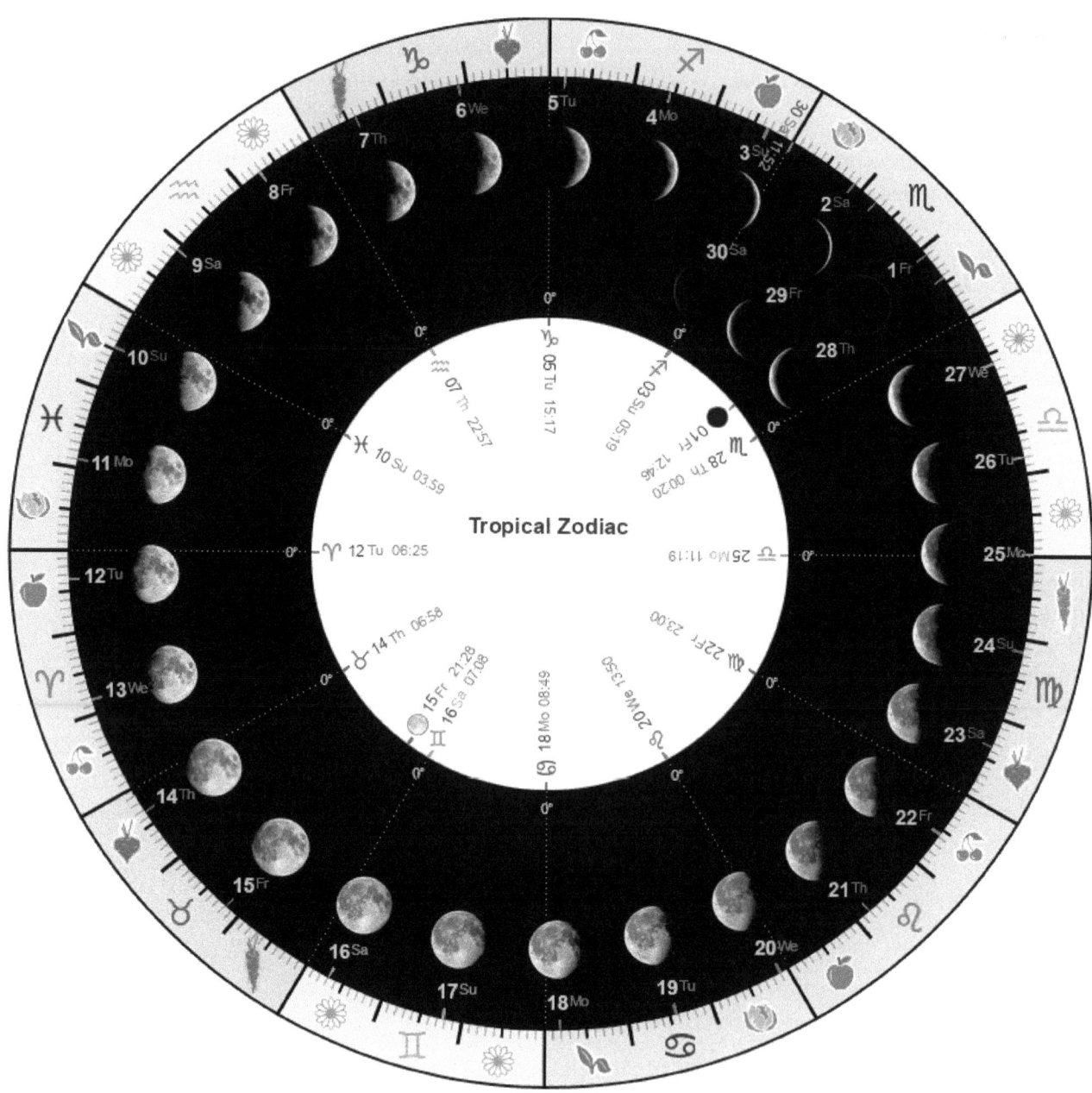

Noviembre, un mes impregnado de la energía del cambio y la transición, está marcado por la observancia de la Luna Llena de Luto Wiccana. A medida que las noches se alargan y las temperaturas descienden, esta fase lunar es un profundo periodo de introspección y homenaje. Reverenciada por los wiccanos, esta luna ofrece un puente entre los últimos vestigios del otoño y el frío abrazo del invierno. Su significado espiritual está arraigado en los lazos ancestrales, las conexiones profundas y la danza cíclica de la vida y la muerte.

La Luna Llena de Duelo Wicca es un momento en el que los practicantes honran a los difuntos, ya sean seres queridos, ancestros o guías espirituales. En el corazón de cada wiccano, esta luna llena sirve como un momento sagrado, instándoles a recordar, llorar y sanar. La fuerza de la iluminación plateada de la luna propicia un entorno en el que se comparten secretos susurrados, se cuentan historias y se transmite la sabiduría. En esta comunión con los espíritus, los velos entre los mundos se vuelven etéreos, casi translúcidos, permitiendo una hermosa unión de lo temporal y lo etéreo.

Coincidiendo con esta profunda fase lunar se celebra la "Winterfylleþ" o Luna Llena de Invierno anglosajona, que se remonta a una antigua época en la que los paganos de antaño marcaban el comienzo del invierno con la primera luna llena de octubre. La nomenclatura "Winterfylleþ" nace de las palabras en inglés antiguo "winter", que significa invierno, y "fyllan", llenar o llenarse. En esencia, Winterfylleþ significa la luna que anuncia la estación invernal.

La Luna Llena de Duelo Wicca y Winterfylleþ convergen, creando un poderoso nexo de energía, misterio y reflexión. Para aquellos que siguen el camino wiccano, el mes de noviembre se convierte en un viaje profundamente personal. Es una oportunidad para reconciliarse con el pasado, liberar emociones reprimidas y prepararse para los meses de invierno que se avecinan.

Esta fase inspira a muchos wiccanos a elaborar rituales que resuenen con esta poderosa energía lunar. Algunos encienden velas en memoria de los difuntos, otros se entregan a una meditación profunda o elaboran pociones de hierbas para conectar con las energías ancestrales. El resplandor de la luna inspira a los wiccanos a encontrar fuerza en los recuerdos, aprender del pasado y encontrar claridad en el presente.

En medio de las frías ráfagas de noviembre, estas tradiciones crean un calor interior que vincula a los practicantes no sólo con su linaje personal, sino con el vasto linaje de la propia humanidad. La Luna Llena de Luto es un amable recordatorio de que, incluso en los momentos más oscuros, siempre hay una luz que nos guía, e incluso en la soledad, nunca estamos realmente solos.

Así que, cuando mires a la luna llena de noviembre, siente la esencia de épocas pasadas, los susurros de viejas historias y el latido de un mundo que se nutre de recuerdos y esperanzas. Que sea una inspiración, un faro que te guíe a través de las pruebas del invierno y hacia el renacimiento de la primavera.

Fases de la luna

Noviembre, con sus nieblas arremolinadas y sus caminos sembrados de hojas, conlleva una profundidad y una mística como ningún otro mes. En 2024, esta enigmática danza de energías se intensifica con la Luna Nueva en Escorpio y la Luna Llena en Tauro, y su poderosa resonancia con el esbat de la Luna de Luto Wiccana y el Winterfylleþ. La Luna Nueva en Escorpio el 1 de noviembre nos adentra en el corazón del misterio del otoño. Escorpio, con sus energías intensas y apasionadas, se alinea a la perfección con las profundidades veladas de noviembre. Este signo ahonda en las profundidades, instándonos a mirar más allá de las superficialidades, a descubrir secretos y a transformarnos. Al comenzar el mes, la luna oscura en Escorpio nos invita a la introspección, reflexionando sobre los ciclos de la muerte y el renacimiento, temas que están en primer plano durante la Luna de Duelo Wiccana. La energía de Escorpio nos invita a abrazar la naturaleza transitoria de la vida, haciéndose eco de los sentimientos de la Luna de Luto, un tiempo para recordar y honrar a aquellos que han pasado al otro mundo.

Pero a medida que el mes avanza y la rueda del tiempo gira, la Luna Llena en Tauro del 15 de noviembre ofrece un contraste enraizante. Tauro, un signo de tierra, nos ancla, instándonos a encontrar estabilidad y consuelo en lo tangible, en las cosas y recuerdos que apreciamos. Bajo el brillo plateado de esta Luna Llena de Tauro, hay un sutil recordatorio de que, aunque debemos honrar lo espiritual y lo etéreo, es igualmente vital apreciar el mundo físico que nos rodea. En esencia, esta Luna Llena complementa a la Winterfylleþ, la Luna Llena de Invierno, enfatizando la necesidad de prepararnos y encontrar el equilibrio antes de que el abrazo del invierno se apodere por completo de nosotros.

Estos dos cuerpos celestes en Escorpio y Tauro, en tándem con las energías ancestrales de la Luna de Luto y la Luna de Invierno, tejen un rico tapiz de introspección, recuerdo, enraizamiento y equilibrio. Juntas, nos guían en un profundo viaje, tanto hacia el interior como hacia el exterior, instándonos a unir lo etéreo con lo terrenal, el pasado con el presente. A medida que las noches se vuelven más frías y las sombras se alargan, que encuentres consuelo en la danza de la Luna Nueva de Escorpio y la Luna Llena de Tauro. Deja que te guíen, te inspiren y te desafíen: Este noviembre, bajo la luminosidad de la Luna Llena, planta una semilla o un bulbo en la tierra como gesto simbólico. Al hacerlo, infúndele un recuerdo querido o un deseo. Deja que sea un puente entre el mundo de los recuerdos y el presente tangible, y observa cómo florece con la promesa de la primavera.

Luna en el jardín

En un día aparentemente ordinario, el 1 de noviembre, la luna nueva en Escorpio pidió a los jardineros que no trabajaran, sino que descansaran, celebraran y meditaran, anunciando días de hojas bajo su sombra. Una pausa, un respiro, un tiempo para reflexionar sobre los misterios que yacen bajo ella.

Sin embargo, a medida que avanzaban los días, la intensidad de Escorpio se prolongó hasta el 2 y el 3 de noviembre, favoreciendo las plantas anuales sobre el suelo, especialmente las de hoja verde, los cereales, las hierbas y los pepinos. También se vio a los jardineros ocupándose de sus céspedes, segando para estimular los brotes verdes y frescos, mientras otros injertaban y podaban para invitar a un mayor crecimiento. Pero al amanecer del 3 de noviembre, las energías cambiaron, pasando a los días frutales regidos por Sagitario, lo que añadió una dimensión diferente a la narrativa del jardín. En los días siguientes, el resplandor del creciente abrazó las energías de las hojas hasta que Capricornio tomó el protagonismo el 5 de noviembre, dirigiendo la atención hacia las plantas de raíz. Las energías ascendieron gradualmente y, el 8 de noviembre, Acuario anunció días de flores. El jardín parecía estar en una danza perpetua, respondiendo a estos ritmos cósmicos. Cuando amaneció el 10 de noviembre, Piscis lanzó su hechizo, anunciando de nuevo los días de hojas, pero con un giro: se aconsejó a los jardineros que dieran prioridad a las plantas frutales, los cereales y las flores. Sin embargo, Aries no se quedó atrás. La luna llena del día 15, bajo la mirada firme de Tauro, marcó otra pausa, un tiempo de meditación y reflexión. También fue propicia para la recolección de hierbas medicinales. A partir de entonces, a medida que la luna menguaba, la atención se desplazaba bajo la superficie. Los días de las raíces tomaron precedencia e instaron a los jardineros a ocuparse de las plantas subterráneas. Leo y sus días frutales llegaron poco después, pero el pulso del jardín empezó a ralentizarse cuando Virgo señaló el último cuarto el día 23. La oposición de la Luna con Saturno el 24 de noviembre lanzó una discreta advertencia. El cuarto menguante susurraba tiempos estériles. Las actividades se reducen a cosechar, abonar, trasplantar, controlar las malas hierbas y cuidar el césped. Al concluir noviembre, Escorpio reapareció el día 28, insinuando días de hojas. Sin embargo, para el día 30, Sagitario tomó las riendas una vez más, lanzando un hechizo de días frutales mientras el mes se acercaba a su final.

DICIEMBRE DE 2024

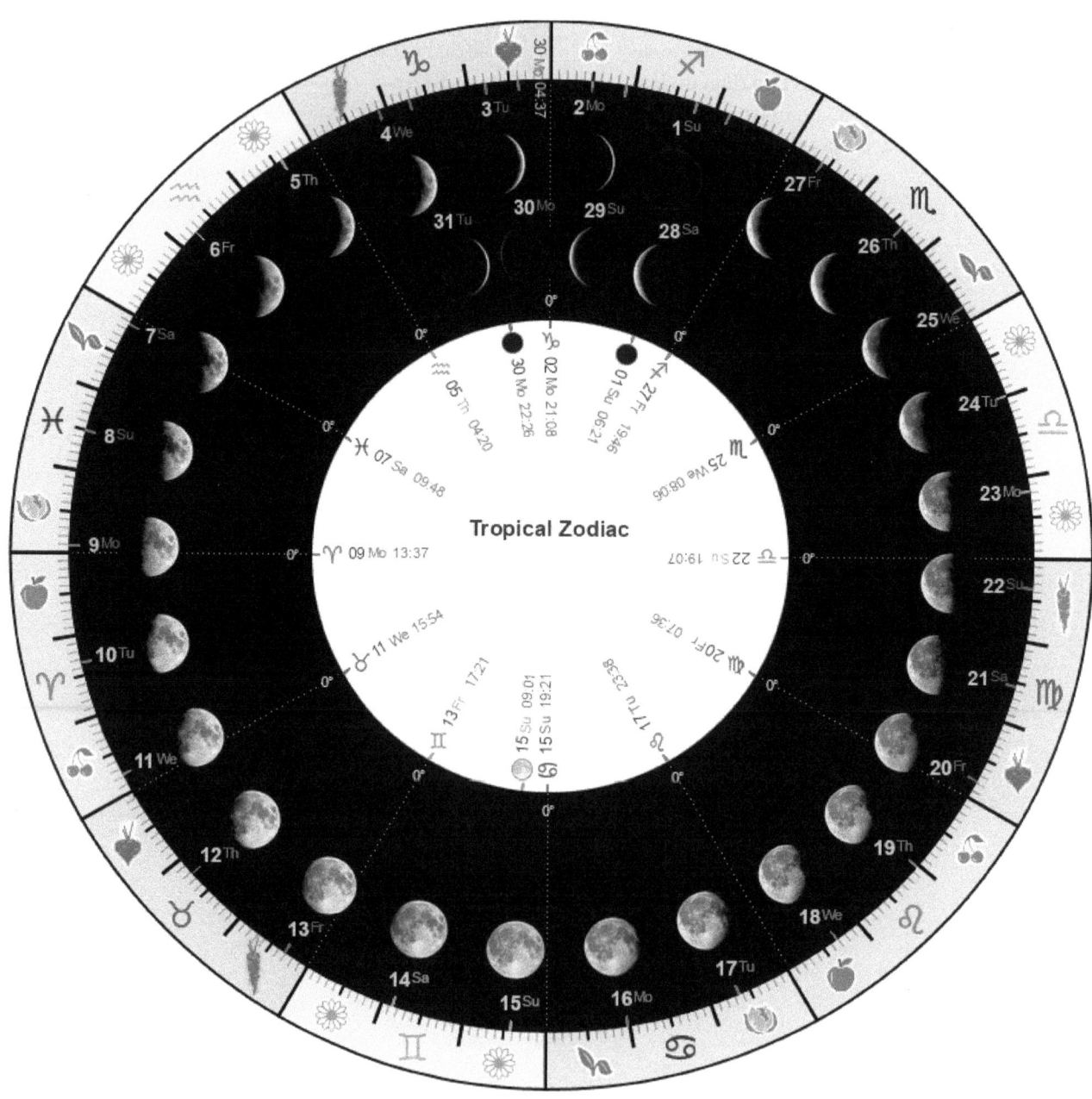

En el tranquilo abrazo del invierno, diciembre siempre ha guardado poderosos secretos, tejidos con el hilo de tradiciones tanto antiguas como adaptadas. Emprendamos un viaje, arrojando la luz de una linterna sobre el tapiz clandestino de este mes.

En el calendario wiccano, la Luna Llena de Roble de diciembre se erige alta y decidida. Esta luna, rebosante de sabiduría, simboliza la fuerza y la resistencia, como el gran roble. La Luna de Roble es un momento de reflexión sobre nuestra fuerza interior, de aprovechar el poder interior para afrontar los retos que nos esperan. Es la guardiana de las historias, que nos recuerda los ciclos de nacimiento, crecimiento, muerte y renacimiento.

El nombre anglosajón de noviembre, "Blōtmōnaþ", que se traduce como el mes de los sacrificios, se funde inquietantemente con los relatos de diciembre. Los sacrificios de Blōtmōnaþ estaban profundamente arraigados en el honor a la divinidad y en la búsqueda de favor para la inminente dureza del invierno. Estos sacrificios no eran meras ofrendas, sino que estaban profundamente relacionados con la espiritualidad de la existencia y la simbiosis del hombre y la naturaleza.

Pero el enigma de diciembre no queda ahí. A medida que el mes se hace más profundo y el manto de la noche envuelve más al mundo, nos encontramos con la "Modra Nacht" o "Noche de las Madres". Esta tradición sagrada y precristiana, que abarca la noche del 24 de diciembre, marca el comienzo de las Tres Noches de las Madres. Estas noches son un portal, un espacio liminal, en el que el velo entre los mundos se diluye, permitiéndonos comunicarnos con nuestros antepasados y el reino espiritual. En algunos cuentos, estas noches son cuando los espíritus vagan libremente, susurrando secretos de lo que está por venir.

Mientras que Modra Nacht bebe de antiguas tradiciones paganas, el 13 de diciembre brilla con la luz de la festividad de Santa Lucía. Lucía, cuyo nombre deriva de "lux", que significa luz, atraviesa con valentía la oscuridad de diciembre. En los países escandinavos, es un día en el que las jóvenes, ataviadas con vestidos blancos y fajas rojas, llevan una corona de velas que ilumina la sombra del invierno, representando la esperanza y la promesa del regreso de la luz del sol.

Luego, cuando el mes se acerca a su fin, emerge de la nieve el sabbat neocristiano de Yule, el 21 de diciembre. La asociación de Yule con el solsticio de invierno, época de renacimiento y retorno del sol, se confunde a menudo con una celebración puramente pagana. Sin embargo, sus raíces se entrelazan con diversas tradiciones. El venerable Bede, erudito anglosajón, afirmaba que Yule era, de hecho, una fiesta anglosajona romano-cristiana. Aunque puede tomar prestado de otras celebraciones y está impregnada de símbolos compartidos, no deriva directamente de festividades paganas como Modranacht.

Y así, a medida que transcurren los días de diciembre, cada uno con su significado místico único, recordamos las complejidades de las tradiciones y creencias. Desde la silenciosa fuerza de la Luna Llena del Roble Wiccano hasta la vibrante luminiscencia de Santa Lucía, pasando por los incomprendidos orígenes de Yule, diciembre es un testimonio del tapiz en constante evolución de la espiritualidad humana y de las historias que tejemos en el corazón del invierno.

Las fases lunares

En el crepúsculo del año, diciembre despliega su tapiz celeste, guiando nuestros pasos a través de una danza de oscuridad y luz. La alineación cósmica para diciembre de 2024 parece hacerse eco de los cuentos antiguos, susurrando secretos de la Luna de Roble, Blōtmōnaþ, Modra Nacht y Yule.

Al despertar diciembre, la Luna Nueva adorna el reino del arquero: Sagitario. Saliendo el 1 de diciembre a las 06:21, esta Luna Nueva lleva el espíritu aventurero del arquero, instándonos a apuntar más alto y recorrer los caminos menos transitados. Sagitario, conocido por su naturaleza expansiva y su deseo de conocimiento, se alinea perfectamente con las antiguas tradiciones de Blōtmōnaþ, el mes de los sacrificios. Es un momento para dar gracias, honrar a lo divino y ampliar nuestros horizontes espirituales. Al igual que el arquero apunta a las estrellas, durante esta etapa se nos anima a tender la mano, haciendo ofrendas de gratitud y sacrificio por las bendiciones recibidas a lo largo del año.

En pleno mes de diciembre, cuando Modra Nacht y la luminiscencia de Santa Lucía lanzan sus hechizos, la Luna Llena emerge en la dualidad de Géminis el 15 de diciembre a las 09:01. Géminis, con su naturaleza gemela, refleja la danza entre la oscuridad de las noches más largas y la esperanza del retorno de la luz. Esta luna es un espejo que refleja la dualidad de la introspección espiritual de Modra Nacht y la radiante esperanza de Santa Lucía. Es un momento de comunicación con el pasado y el futuro, lo visto y lo no visto. Y al ser el esbat de la Luna de Roble en las tradiciones wiccanas, la fuerza y la sabiduría del roble nos recuerdan que debemos mantener los pies en la tierra, incluso cuando navegamos por los reinos de la dualidad.

A medida que se acerca el final de diciembre y el mundo se prepara para abrazar el renacimiento de Yule el 21 de diciembre, sale otra Luna Nueva, esta vez en el decidido signo de Capricornio el 30 de diciembre a las 22:26. Capricornio, un signo de disciplina, tradición y compromiso con los propios objetivos, resuena profundamente con la esencia de Yule: la promesa de renacimiento, nuevos comienzos y el retorno de la luz. Nos recuerda la naturaleza cíclica de la vida y la importancia de honrar las tradiciones al tiempo que damos paso a nuevos comienzos.

Consejo para esta Luna Llena: Abraza la dualidad de la energía de Géminis durante la Luna de Roble. Deja que guíe tu introspección, desenterrando las lecciones del pasado y plantando al mismo tiempo semillas de esperanza para el futuro. Enciende una vela en honor de Santa Lucía y susurra tus deseos para el próximo año, enraizándote en la fuerza y la sabiduría del poderoso roble.

Luna en el jardín

El 1 de diciembre, cuando Sagitario abraza la Luna Nueva, los jardines entran en un suave reposo. Es un momento para que el jardinero descanse, celebre los ciclos pasados y medite, mientras los días frutales proyectan su suave resplandor. Pero cuando llega el día 2, el creciente llama. Insta a plantar verduras de hoja verde, cereales, hierbas y los crujientes pepinos, invitando al jardinero a cortar el césped e injertar, para fomentar el nuevo crecimiento. Esto se mantiene así hasta que los días de raíces enraizadas de Capricornio comienzan su reinado a partir de la tarde del día 2, extendiéndose hasta la mañana del día 5.

Luego, al amanecer del día 5, aparece Acuario. Estos días de flores invitan al jardinero a sembrar y cultivar hasta el día 7. Pero a media mañana del día 7, Piscis entra en escena, marcando los días de hojas que se extienden hasta la tarde del día 9.

A partir del día 9, cuando la Luna entre en su fase gibosa creciente, la danza cósmica se intensificará. Aries, ardiente y apasionado, reclama el cielo a partir de la tarde del día 9.

Llegan los días frutales y es el momento perfecto para plantar plantas anuales y flores sobre el suelo hasta que la sombra de Tauro se cierna sobre nosotros el 11 por la tarde. Vuelven los días de raíces. Sin embargo, esto no dura demasiado, ya que el día 13 por la noche, la energía de Géminis llena el jardín, marcando los días de flores y señalando el momento óptimo para la siembra, sólo dos días antes de la luna llena.

La grandeza de la Luna Llena se desvela el día 15 en el reino de Géminis. Los jardines palpitan de vida y energía, y se convierte en un momento divino para recoger hierbas y plantas medicinales. Pero a medida que se acerca la noche, Cáncer trae consigo días de hojas, susurrando al jardinero los secretos de la siembra de plantas bajo tierra y los misterios de la plantación de árboles, arbustos y plantas perennes.

Leo ruge su presencia a partir de la tarde del día 17, llevando las riendas hasta las primeras horas del día 20, mientras que Virgo le sigue rápidamente, trayendo de nuevo la influencia de las raíces, hasta la tarde del día 22.

Después, la Luna del Último Cuarto, del 22 al 24, verá a Libra equilibrar la balanza. Llegan los días de flores, y el cosmos sugiere al jardinero prudente que descanse durante esta fase estéril, se centre en la cosecha, almacene los cultivos, abone y combata esas molestas malas hierbas.

Para la mañana de Navidad, la energía de Escorpio se apodera del jardín, acentuando los días de hojas hasta la noche del 27. Sagitario envuelve entonces el jardín en días frutales, una pausa antes de que Capricornio anuncie la Luna Nueva el día 30, cerrando el ciclo. Los jardines y las almas descansan una vez más, celebrando la danza de la luna y meditando sobre los misterios desenterrados. Pero, al amanecer del último día de diciembre, el creciente en Capricornio nos recuerda el ciclo sin fin, instándonos a plantar sobre la tierra y a que los jardines respiren y crezcan una vez más.

CALENDARIO BIODINÁMICO

El Calendario Biodinámico ofrece un enfoque innovador de la agricultura y la jardinería, que integra las energías de la Tierra y los ritmos cósmicos. Sus orígenes están profundamente arraigados en la creencia de que nuestro planeta es una entidad viva que respira y que toda la naturaleza -incluidas las plantas, los animales y los seres humanos- está interconectada e influida por el ciclo cósmico más amplio.

Un aspecto integral del Calendario Biodinámico es la clasificación de los días en diferentes categorías basadas en los cuatro elementos fundamentales de la naturaleza: Agua, Fuego, Tierra y Aire. Cada categoría está relacionada con las actividades agrícolas específicas que mejor armonizan con las energías cósmicas de ese día.

Los días de hoja, representados por el Elemento Agua, son periodos considerados ideales para trabajar con plantas en las que el interés primordial está en sus hojas y tallos. Ejemplos de estas plantas son la lechuga, las espinacas, el brécol y la coliflor. Curiosamente, aunque este periodo es ideal para plantar y cultivar, no se aconseja cosechar durante los días Hoja. Se cree que los productos cosechados en estos días se deterioran más rápidamente. Además, a quienes se dedican a la apicultura también se les desaconseja trabajar con la colmena durante los días de Hoja.

Luego tenemos los días Frutales, simbolizados por el Elemento Fuego. Como su nombre indica, son los días más adecuados para sembrar, trasplantar y nutrir las plantas que dan frutos y semillas. Desde las fresas hasta el maíz y los cereales, los días Frutales infunden energía que ayuda a estas plantas. Además, se dice que las frutas y semillas cosechadas durante este periodo se almacenan mejor. En el mundo de la apicultura, estos días son propicios, ya que no sólo estimulan la recolección de néctar, sino que también marcan un periodo en el que las abejas son más mansas.

Los días de raíz, asociados al Elemento Tierra, están hechos a medida para las plantas de raíz y las hortalizas. Es el momento de dedicarse a las zanahorias, nabos, cebollas y similares. A la hora de almacenar los productos, son preferibles los días de Raíz. Para los que se dedican a la apicultura, es el periodo para motivar a las abejas a construir más panales.

Por último, los días de las Flores, que resuenan con el Elemento Aire, son momentos para conectar con plantas utilizadas principalmente por sus flores o propiedades medicinales. Se cree que la esencia de las flores, cuando se recogen durante esta fase, es más rica y dura más tiempo. Además, son los días en los que se deben cosechar las plantas de hoja, como las ensaladas. En cuanto a los apicultores, los días de Flor son beneficiosos para la actividad de cría y el crecimiento de la colonia. Al igual que en los días de Fruta, se dice que las abejas son más mansas durante esta fase.

En conclusión, el Calendario Biodinámico no es sólo una guía de agricultura; es una filosofía. Es un enfoque holístico de la agricultura que nos invita a armonizar nuestras prácticas con las energías sutiles del universo. A través de esta comprensión y alineación, propone que no sólo podemos mejorar la calidad y el rendimiento de nuestros productos, sino también fomentar una conexión más profunda con la Tierra y el cosmos.

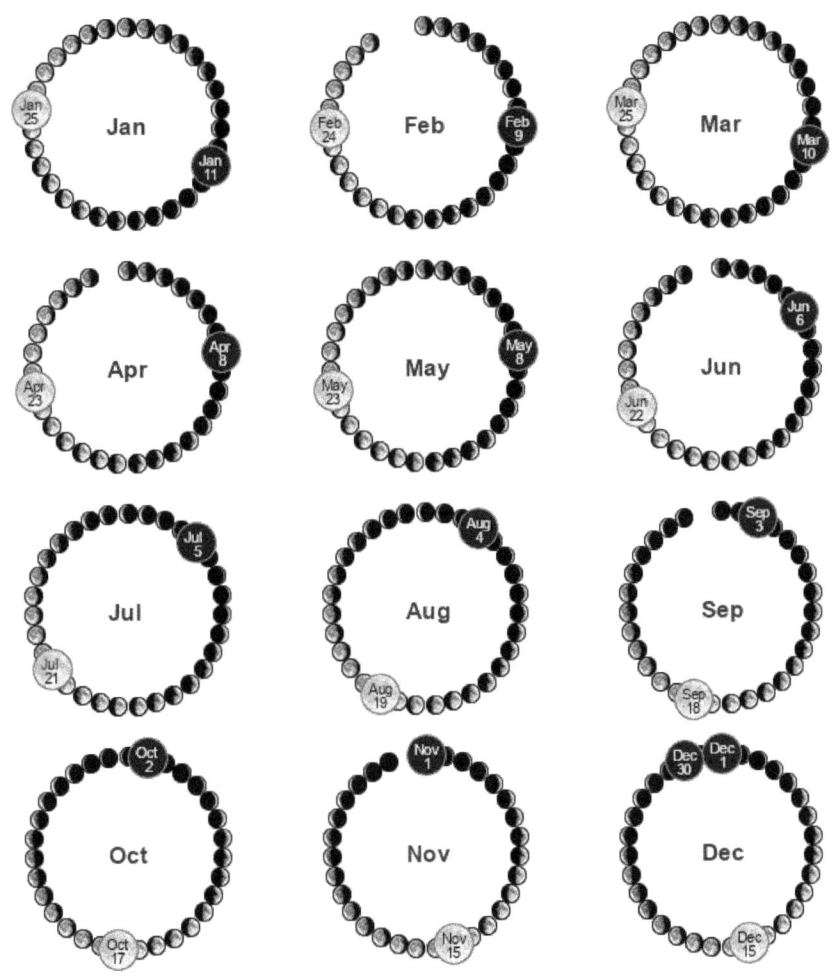

**Material didáctico
incluido**

Escanee este código para obtener
su Curso de vídeo incluido en el libro, una introducción al mundo de lo oculto y lo paranormal

O siga este enlace:

https://templumdianae.co/the-witchy-course/

¡Este Material le dará acceso a materiales de formación Exclusivos para mejorar en su camino !

Milton Keynes UK
Ingram Content Group UK Ltd.
UKHW050624120124
435917UK00013B/420